D1754156

# Pizza

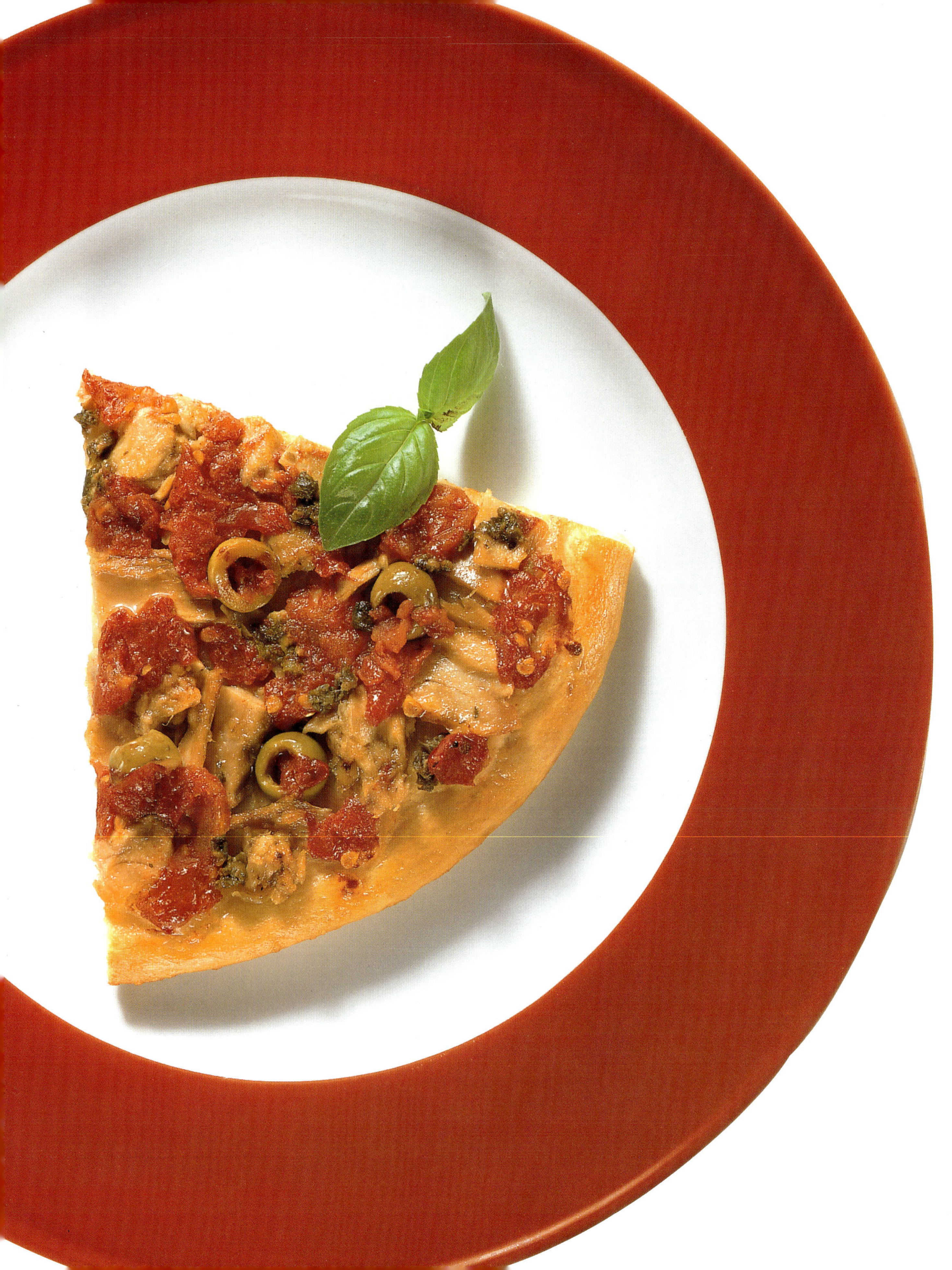

Rose Marie Donhauser

# Pizza

**FALKEN**

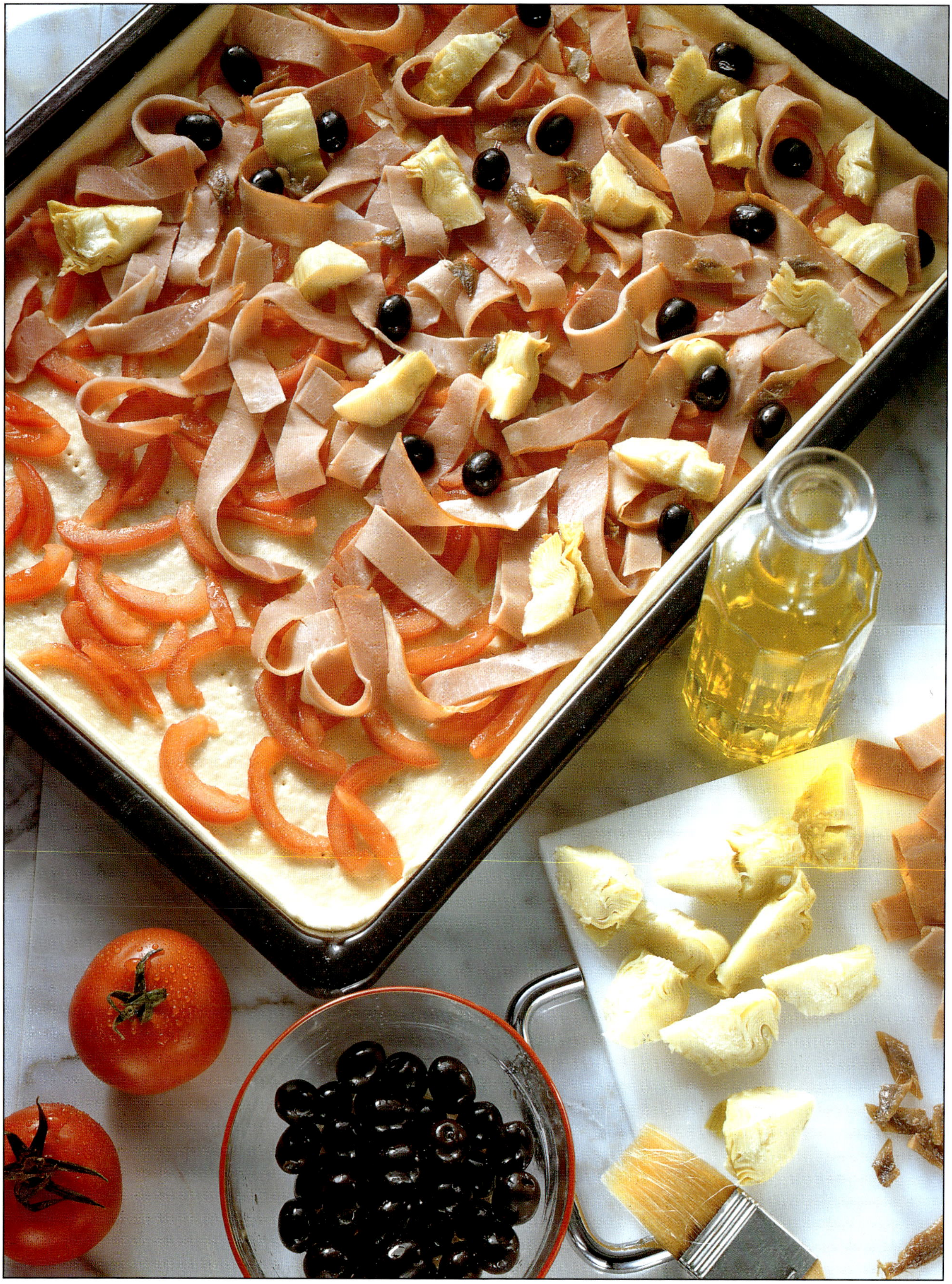

# INHALT

**PIZZA – EIN MULTIKULTURELLES ESSVERGNÜGEN** — 6

Im Original unübertroffen gut
**KLASSIKER AUS ITALIEN** — 10

Wie wir sie lieben
**BUNTE PIZZAVARIATIONEN** — 44

Eine Vorliebe etabliert sich
**VEGETARISCHE PIZZEN** — 74

Neues entdecken und staunen
**AUSSERGEWÖHNLICHE KREATIONEN** — 96

Das Highlight
**SIZILIANISCHES VERGNÜGEN** — 120

Der schnelle Zugriff
**REZEPTVERZEICHNIS** — 126

# PIZZA – EIN MULTIKULTURELLES ESSVERGNÜGEN

## Viva la Pizza

Wann genau die Pizza ihren Siegeszug von Italien aus in alle Welt gestartet hat, ist nicht eindeutig zu klären. Ebensowenig ist nachzuvollziehen, ob die üppig belegte Pizza – wie wir sie kennen und lieben – wirklich als kulinarischer Botschafter von Italien aus exportiert wurde.

Tatsache ist, daß die Neapolitaner Erfinder der ursprünglichen Pizza, einem dicken, gebackenen, mit Tomatensauce bestrichenen Hefeteigfladen, sind. Der allseits so beliebte Käse fand zunächst keine Beachtung. Nach und nach entwickelte sich die viel gemochte Pizza mit ihrem dünnen Teigboden und ihrem vielfältigen Belag. Sie steht heute für ein multikulturelles Eßvergnügen.

An fast jeder Straßenecke innerhalb oder außerhalb Italiens können wir unseren Pizzengelüsten in Imbißbuden, in Schnellrestaurants, in Bäckereien, in Pizzerien, aber auch in anderen Restaurants, die ganz selbstverständlich Pizzen auf ihren Menükarten haben, nachgehen. Bis in die Nacht hinein können wir den Pizzabringdienst anrufen, die Tiefkühltruhe zu Hause läßt sich zusätzlich mit Fertigpizzen oder zumindest mit Pizzafertigteigen bestücken. Im Küchenschrank stehen Backmischungen für schnelle Pizzenteige bereit und im Kühlschrank liegen Pizzafertigteige, die in der heutigen Zeit nicht mal mehr ausgerollt werden müssen. Pizza gibt es (fast) immer und (fast) überall!

## Am Anfang ist der Hefeteig

Laut Lexikon ist die Pizza ein heißer, herzhafter, dünner Kuchen aus Hefeteig mit variablem Belag. Das heißt, daß die Pizza im Original ohne Hefeteig gar keine echte Pizza ist. Das stimmt auch, und wir sollten die klassische Pizza nicht verfremden (1. Kapitel, S. 10 bis S. 43). Wir haben in diesem Buch jedoch auch andere Teigarten berücksichtigt. Es gibt sogar ganz außergewöhnliche Kreationen (z. B. 4. Kapitel, S. 96 bis 119).

Der Herstellung von Hefeteig wird ein besonderer Schwierigkeitsgrad nachgesagt, der sich mit einigen Grundregeln schnell entkräften läßt. Drei Dinge braucht der Hefeteig: Zeit, Ruhe und Wärme. Wenn das stimmt, dann klappt alles ganz prima.

Bevor Sie mit dem Hefeteig beginnen, müssen die Zutaten rechtzeitig aus dem Kühlschrank genommen werden. Damit sich der Teig gut entwickelt, wird der Vorteig aus zimmerwarmer Hefe, lauwarmem Wasser (30 bis 35°C), etwas Zucker und wenig Mehl hergestellt. Dieser sollte mindestens 20 Minuten an einem warmen Ort gehen. Sobald der Hefebrei deutlich Blasen wirft, kann das Ganze zusammen mit Salz, dem restlichen Mehl und Wasser fertiggestellt werden. Der Teig muß dann nochmals mindestens 40 Minuten an einem warmen Ort gehen. Sein Volumen sollte sich deutlich vergrößern. Das Salz niemals zu früh zur Hefe geben, da die Hefebakterien sonst nicht mehr arbeiten können. Auch eventuelle Ei- sowie Fettzugaben (Öl oder Butter) sollten erst in den Hauptteig geknetet werden.

Grundsätzlich gibt es mehrere Verfahrensweisen, einen Hefeteig herzustellen. Behalten Sie, ohne Rücksicht auf die Zubereitungsanweisungen in diesem Buch, ruhig Ihre eigene Art der Herstellung bei.

Wichtig ist schließlich nur das Eine: daß der Teig so richtig aufgeht und die Arbeit Ihnen Spaß macht!

# EINLEITUNG

## Die Hefemengen

Abgepackte frische Hefewürfel (ca. 42 g) gibt es in der Kühltheke und lose, frische Hefe bekommen Sie beim Bäcker. Instant- oder Trockenhefe sind eine Alternative. Die frische Hefe ist nur begrenzt haltbar, kann aber bis zu drei Monaten eingefroren werden. Sie verliert dabei nicht an Triebkraft, auch wenn sie nach dem Auftauen leicht flüssig wirkt. Trockenhefe ist sehr praktisch, da die Haltbarkeit bis zu einem Jahr gewährleistet wird (Mindesthaltbarkeitsdatum beachten).

Für die Pizzahefeteige in diesem Buch haben wir für 400 bis 500 g Mehl einen ganzen Hefewürfel angegeben. Das ist reichlich, hat aber praktische Gründe. Durch eine höhere Hefezugabe braucht der Teig nicht Stunden zu gehen, sondern er ist, wie in den Rezepten vermerkt, nach insgesamt etwa 60 Minuten backfertig. Es macht allerdings nichts, wenn Sie den Teig mal länger gehen lassen. Generell gilt: 1 Würfel Hefe oder 1 Päckchen Trockenhefe reicht für etwa 500 g Mehl aus. Die Hälfte der jeweiligen Hefemenge genügt dann für etwa 250 g Mehl.

## Pizza ohne Hefeteig?

Die Liebhaber der echten italienischen Pizza werden den klassischen Hefeteig verwenden. Das sollen Sie auch. Das gute an der Pizza ist ja, daß der jeweilige Belag auf (fast) jeden Teig paßt. Wir empfehlen also: Nehmen Sie einfach Ihren Lieblingshefeteig für jede Pizzaidee aus diesem Buch.

Den kreativen Pizzabäckern unter Ihnen möchten wir jedoch unbedingt auch die anderen Teigvariationen ans Herz legen – in diesem Zusammenhang bitte das Kapitel „Außergewöhnliche Kreationen" (S. 96 bis 119) besonders beachten. Probieren Sie mal Blätterteig, Mürbeteig, Maisgriesteig, Vollkornteige, Joghurt- oder Quark-Öl-Teige und vieles mehr. Sicher werden Sie neue Favoriten finden.

## Rund oder eckig?

Die klassische Form der Pizza ist rund und flach mit einem etwas dickeren Teigrand. Aber auch die rechteckige Blechpizza ist weit verbreitet.

Da es in der eigenen Küche schwierig ist, 4 runde Pizzen auf einmal im Ofen zu backen, werden Sie Ihre Pizza meist auf Backblechgröße abbacken. Wir lassen Ihnen in den meisten Rezepten die Wahl:

◆ Das in den Rezepten angegebene Backblech sollte eine Größe von etwa 30 x 40 cm haben.

◆ Sollten Sie 4 runde Pizzen bevorzugen, teilen Sie den fertigen Teig in 4 gleich große Portionen und wellen diese (etwa 20 cm ø) aus. In diesem Fall benötigen Sie 2 Backbleche, die Sie nacheinander abbacken.

◆ Ebenso können Sie aus dem Teig 2 größere Fladen formen. Auch dann werden 2 Bleche benötigt.

◆ Wenn Sie Pizzaformen besitzen, teilen Sie den Teig je nach Größe der Formen auf, rollen einzelne Teigfladen aus und legen sie in die gut ausgefetteten Formen. Auch hier werden Sie mehrmals backen müssen. Ebenso verfahren Sie, wenn Sie die Pizzen in Spring- oder Tarteformen backen wollen.

## Das Abbacken

◆ Im Regelfall backen Sie die Pizza auf der mittleren Schiene des Backofens bei Temperaturen um 200°C.

◆ Bevorzugen Sie einen sehr knusprigen Pizzaboden, so verwenden Sie in den letzten 10 Backminuten nur die Unterhitze und befördern das Backblech auf die unterste Schiene des Ofens.

◆ Heiß- oder Umluft läßt den Pizzabelag eher austrocknen. Verzichten Sie beim Pizzabacken lieber darauf, wenn es Ihr Herd ermöglicht.

◆ Bevor Sie die Pizza aus dem Ofen nehmen, sollten Sie mit einer Gabel prüfen, ob der Teig durchgebacken ist.

◆ Unser Tip: Sie kennen Ihren Backofen am besten, nutzen Sie Ihre Erfahrung. Bestimmen Sie selbst, welche Backzeit und –temperatur für eine Pizza am besten ist.

## Die Sache mit der Tomate

Ob frisch oder eingekocht, ob enthäutet, ob mit oder ohne Kerne, ob in Scheiben, Streifen oder Würfel geschnitten, ob passiert oder konzentriert, ob gewürzt oder pur – seit der Erfindung der Pizza napoletana ist die Tomate von der Pizza nicht mehr wegzudenken. So werden auch bei den Rezepten in diesem Buch meist Tomaten mit im Spiel sein. Wir zeigen allerdings, daß es auch ohne geht. Im folgenden finden Sie die verschiedenen Möglichkeiten, die Sie haben, um die Tomate auf Ihrem Pizzaboden unterzubringen.

◆ Vollreife Eier- oder Fleischtomaten (mit oder ohne Haut) in Scheiben schneiden und den Teig damit belegen. Wenn Sie mögen, bestreichen Sie den Pizzaboden zuvor mit etwas Olivenöl.

◆ Reife, feste Eier- oder Fleischtomaten enthäuten (wird in den jeweiligen Rezepten beschrieben), von Stielansätzen befreien, vierteln, entkernen und in schmale Streifen schneiden. Den mit Öl bestrichenen Teigboden damit belegen.

◆ Die bekannten geschälten Dosentomaten können mitsamt ihrem Saft passiert werden. Es ist auch möglich, die Tomaten in Stücke zu schneiden. Die Stückchen zusammen mit dem gesamten oder einem Teil des Saftes auf den Pizzaboden verteilen.

◆ Passierte Tomaten (ein recht flüssiger Tomatenbrei) gibt es im Tetrapack. Er wird einfach auf dem ausgerollten Boden verstrichen.

◆ Pizzatomaten, das sind Tomatenstückchen im eigenen Saft, gibt es gewürzt (z. B. mit Oregano oder mit pikanter Würzmischung) oder natur. Auch sie werden einfach auf dem Pizzaboden verteilt.

◆ Schließlich können Sie auch das gute Tomatenmark auf den Teigboden streichen. Wenn Sie mögen, verrühren Sie es zuvor mit etwas Olivenöl.

◆ Eine exklusive Variante sind getrocknete, in Olivenöl eingelegte Tomaten. Diese kleinschneiden und zusammen mit etwas Öl auf dem Pizzaboden verteilen.

◆ Den Teigboden mit Nudelfertigsaucen auf Tomatenbasis oder mit Würzketchup zu bestreichen, ist sicher Geschmackssache.

Unser Tip: Sie können die angegebenen Tomatenvarianten nach Lust und Laune würzen bzw. abschmecken. Wir empfehlen Salz, frisch gemahlenen Pfeffer, Paprika- oder Chilipulver, frisch gepreßten oder fein gehackten Knoblauch, frische, fein gehackte Kräuter (z. B. Rosmarin, Basilikum, Thymian, Oregano oder Salbei), Trockenkräuter (auch Mischungen) und vieles mehr.

## Aber bitte mit Käse

In Italien ist Mozzarella der Pizzakäse überhaupt. Die wenigsten von uns wissen, daß das nicht immer so war. Die ursprüngliche Pizza aus Neapel wurde ohne Käse zubereitet. Mozzarella ist ein sehr milder, kaum riechender Filata-Käse (Knetkäse) und wird aus Büffel- oder Kuhmilch hergestellt. Der sehr junge, frische Käse ist in der Regel in Salzlake eingelegt, muß stets kühl gelagert und bald verzehrt werden. Er wird meist als größere Kugel (ca. 125 g) angeboten. Sie finden ihn jedoch auch als Block, Stange oder in Form kleinerer Portionskugeln.

Sollten Sie nun zu denjenigen gehören, die Mozzarella geschmacklich wenig aufregend finden, jedoch Pizza mit Käse über alles lieben, dann haben Sie kein Problem. Eine Pizza kommt mit fast jedem Käse klar.

Grundsätzlich verlangt die von uns allen so geliebte Pizza mit viel Käse nach einer gut schmelzenden Käsesorte. Das ist aber kein Muß. Auch wenig oder kaum schmelzende Sorten, wie z. B. Schafskäse aus der Lake, Frischkäse oder manche Blauschimmelkäse, sind ein Hochgenuß. Probieren Sie es mal aus. Käsesorten mit guten Schmelzeigenschaften sind fettreichere Schnitt- oder Hartkäse (ab 30% Fett i.Tr.).

Wenn Sie es sich ganz einfach machen wollen: In den Kühltheken der Supermärkte finden Sie bereits abgepackte, geriebene Käsesorten (z. B. Gouda oder Emmentaler) sowie Käse-

# EINLEITUNG

mischungen (z. B. Mozzarella plus Gouda) zum Überbacken oder eben für die Pizzazubereitung.

Pizza ohne Käse? Auch das ist möglich und schmackhaft. Beachten Sie, daß der Pizzabelag nicht zu trocken ausfällt. Also saftige und nicht zu magere Zutaten verwenden. Wenn nötig, beträufeln Sie den Belag vor dem Backen mit etwas Öl oder zerlassener Butter. Gegen Ende der Backzeit sollte die Pizza mit Alufolie abgedeckt werden.

## Hinweise zu den Rezepten

### Die Arbeitszeiten
Sie geben einen Anhaltspunkt, wie lange Sie in etwa für das Vor- und Zubereiten der Pizzen (ohne Back- und andere Sonderzeiten) brauchen.

### Die Garzeiten
Sie geben die durchschnittliche Garzeit an, die Sie für das Vorbehandeln mancher Pizzazutaten brauchen.

### Die Sonderzeiten
Zeiten zum Gehen, Ruhen, Quellen etc. sind unter dieser Rubrik extra ausgewiesen. Für Hefe- und Mürbeteige sind Mindestangaben gemacht worden. Die Teige können durchaus auch länger gehen bzw. ruhen.

### Die Backzeiten
Die Backzeiten und Temperaturangaben beziehen sich auf einen Elektrobackofen.

### Die Portionsangaben
In der Regel sind die Rezepte für 4 Personen gedacht. Ausnahmen sind im Infoblock angegeben.

### Die Kalorienangaben
Sie beziehen sich immer auf 1 Portion Pizza.

### Die Zutatenmengen
Sie beziehen sich auf ungeputzte Rohware. Bei Stückangaben wird von einem Stück mittlerer Größe ausgegangen.

### Die Beilagentips
Da Pizza eine Hauptspeise darstellt, die die Stärkebeilage (Pizzaboden) schon beinhaltet, geben wir als Beilage meist frische Salate an.

### Die Rezeptvariationen
Hier bekommen Sie Anregungen, wie Sie den Pizzateig oder -belag variieren können.

### Die praktischen Tips
Hier finden Sie Informationen zur Küchenpraxis, zur Warenkunde, zu Einkauf etc.

### Die Getränketips
Zu jedem Rezept gibt es Hinweise, welche Getränke besonders gut mit der jeweiligen Pizza harmonieren.

### Abkürzungen

| | |
|---|---|
| TL | = Teelöffel (gestrichen) |
| EL | = Eßlöffel (gestrichen) |
| g | = Gramm |
| kg | = Kilogramm |
| cl | = Zentiliter |
| ml | = Milliliter |
| l | = Liter |
| cm | = Zentimeter |
| ø | = Durchmesser |
| kcal | = Kilokalorien |
| °C | = Grad Celsius |
| TK-... | = Tiefkühl-... |
| ca. | = circa |
| S. | = Seite |
| max. | = maximal |
| gestr. | = gestrichener |
| gem. | = gemahlener |
| getr. | = getrocknet/e |

# PIZZA MARGHERITA

## Infoblock

- Für 1 Backblech (ca. 30 x 40 cm) oder 4 runde Pizzen (ca. 20 cm ø)
- Arbeitszeit: ca. 40 Minuten
- Zeit zum Gehen: ca. 60 Minuten
- Backzeit: ca. 25 Minuten
- 4 Portionen
- ca. 730 kcal je Portion

### Zutaten

**Für den Teig**

400 g Weizenmehl
1 Hefewürfel (ca. 40 g)
1 Prise Zucker
ca. 200 ml lauwarmes Wasser
1 gestr. TL Salz

**Für den Belag**

800 g vollreife Tomaten (am besten Eiertomaten)
1 Bund Basilikum
250 g Mozzarella
6 EL Olivenöl
etwas Salz
gem. weißer Pfeffer

**Außerdem**

etwas Olivenöl für das Backblech

---

**1** Das Mehl in eine Schüssel sieben, eine Vertiefung hineindrücken, die Hefe hineinbröseln, den Zucker darüberstreuen und beides mit einem Teil des Wassers verrühren. Das Ganze mit etwas Mehl bestäuben, mit einem Tuch abdecken und etwa 20 Minuten an einem warmen Ort gehen lassen.

**2** Die Tomaten kreuzweise einritzen, von den Stielansätzen befreien, kurz in kochendem Wasser überbrühen, kalt abschrecken, enthäuten, achteln und entkernen.

**3** Den Vorteig zusammen mit dem restlichen Wasser und dem Salz zu einem geschmeidigen Teig verkneten. Diesen mit etwas Mehl bestäuben, mit einem Tuch abdecken und etwa 40 Minuten an einem warmen Ort gehen lassen.

**4** Die Basilikumblättchen von den Stengeln zupfen, waschen, trockentupfen und in kleine Stücke reißen. Den Mozzarella in dünne Scheiben schneiden. Den Backofen auf 220°C vorheizen und 1 oder 2 Backbleche mit Öl bestreichen

**5** Den Teig auf einer bemehlten Arbeitsfläche rund (viermal etwa 20 cm ø) oder eckig (Backblechgröße) (etwa ½ cm dick) auswellen, auf 1 bzw. 2 Bleche legen und die Teigränder leicht hochziehen. Das Ganze gut mit Öl bestreichen und gleichmäßig mit den Tomatenachteln belegen. Mozzarellascheiben und Basilikum darauf verteilen. Die Pizza leicht salzen, pfeffern und mit dem restlichen Öl beträufeln.

**6** Das Ganze auf der mittleren Schiene in etwa 25 Minuten knusprig backen. Bei 4 runden Pizzen die beiden Bleche nacheinander abbacken.

## BEILAGENTIPS

◆ Servieren Sie gebratene Antipasti zur Pizza. Dazu je 250 g feste Zucchini, Auberginen und Austernpilze putzen, waschen, trockenreiben, in mundgerechte Stücke schneiden, salzen, pfeffern und in reichlich Olivenöl von allen Seiten anbraten. Das Ganze auf einer Servierplatte anrichten und lauwarm servieren.

◆ Als frische Komponente empfehlen wir einen Radicchiosalat mit reichlich Kräutern und einer leichten Essig-Öl-Marinade.

## PRAKTISCHER TIP

Die Pizza Margherita schmeckt auch kalt ganz prima. Bieten Sie sie doch mal als Pizzaschnittchen auf einer Party oder als Pausenbrot an.

**KLASSIKER AUS ITALIEN**

### GETRÄNKETIPS

Servieren Sie einen roten Lambrusco oder einen Chianti. Beide sollten nicht zu warm sein.

# PIZZA ALLA NAPOLETANA

## Infoblock

- Für 1 Backblech (ca. 30 x 40 cm) oder 4 runde Pizzen (ca. 20 cm ø)
- Arbeitszeit: ca. 40 Minuten
- Zeit zum Gehen: ca. 60 Minuten
- Backzeit: ca. 25 Minuten
- 4 Portionen
- ca. 650 kcal je Portion

## Zutaten

### Für den Teig

400 g Weizenmehl
1 Hefewürfel (ca. 40 g)
gut 180 ml lauwarmes Wasser
1 gestr. TL Salz
2 EL Olivenöl

### Für den Belag

800 g reife Eiertomaten
einige Zweige Basilikum
4 Knoblauchzehen
7 EL Olivenöl
etwas Salz
gem. schwarzer Pfeffer

### Außerdem

etwas Olivenöl für das Backblech

---

**1** Das Mehl in eine Schüssel sieben, eine Vertiefung hineindrücken, die Hefe hineinbröseln, mit einem Teil des Wassers verrühren. Das Ganze mit etwas Mehl bestäuben, mit einem Tuch abdecken und etwa 20 Minuten an einem warmen Ort gehen lassen.

**2** Die Tomaten kreuzweise einritzen, von den Stielansätzen befreien, kurz in kochendem Wasser überbrühen, kalt abschrecken, enthäuten, vierteln, entkernen und längs in Streifen schneiden.

**3** Die Basilikumblättchen von den Stengeln zupfen, waschen, trockentupfen und fein hacken. Den Vorteig zusammen mit dem Salz, dem Öl und dem restlichen Wasser zu einem geschmeidigen Teig verkneten. Diesen mit etwas Mehl bestäuben, mit einem Tuch abdecken und etwa 40 Minuten an einem warmen Ort gehen lassen.

**4** Den Backofen auf 220°C vorheizen und 1 oder 2 Backbleche mit Öl bestreichen. Den Knoblauch schälen und fein würfeln.

**5** Den Teig auf einer bemehlten Arbeitsfläche rund (viermal etwa 20 cm ø) oder eckig (Backblechgröße) auswellen, auf 1 bzw. 2 Bleche setzen und die Teigränder etwas hochziehen.

**6** Das Ganze mit etwa 3 Eßlöffeln Öl bepinseln, dann mit den Tomaten, dem Basilikum und dem Knoblauch belegen. Alles leicht salzen, pfeffern und mit dem restlichen Öl beträufeln.

**7** Die Pizza auf der mittleren Schiene in etwa 25 Minuten knusprig backen. Bei 4 runden Pizzen die beiden Bleche nacheinander abbacken.

### REZEPTVARIATION

Vereinzelt wird die Pizza napoletana zusätzlich mit gehackten Sardellen belegt. Probieren Sie es mal.

### GETRÄNKETIP

Um in Sizilien zu bleiben, empfehlen wir zu dieser Pizza einen Rotwein aus der Region. Probieren Sie einen Etna Rosso oder einen Corvo Rosso.

**KLASSIKER AUS ITALIEN**

# PIZZA CAPRICCIOSA

## Infoblock

- Für 1 Backblech (ca. 30 x 40 cm) oder 4 runde Pizzen (ca. 20 cm ø)
- Arbeitszeit: ca. 40 Minuten
- Zeit zum Gehen: ca. 60 Minuten
- Backzeit: ca. 25 Minuten
- 4 Portionen
- ca. 910 kcal je Portion

## Zutaten

### Für den Teig

400 g Weizenmehl
1 Hefewürfel (ca. 40 g)
1 Prise Zucker
ca. 200 ml lauwarmes Wasser

### Für den Belag

500 g vollreife Tomaten
250 g Kochschinken in Scheiben
4 eingelegte Sardellenfilets
8 in Öl eingelegte Artischockenherzen
ca. 4 EL Olivenöl
150 g schwarze Oliven
etwas Salz
gem. schwarzer Pfeffer

### Außerdem

etwas Olivenöl für das Backblech

---

**1** Das Mehl in eine Schüssel sieben, eine Vertiefung hineindrücken, die Hefe hineinbröckeln, den Zucker dazugeben und beides mit einem Teil des Wassers verrühren. Das Ganze mit etwas Mehl bestäuben und etwa 20 Minuten an einem warmen Ort gehen lassen.

**2** Die Tomaten kreuzweise einritzen, von den Stielansätzen befreien, in kochendem Wasser kurz überbrühen, kalt abschrecken, enthäuten, vierteln, entkernen und der Länge nach in Streifen schneiden. Den Schinken in fingerbreite Streifen schneiden.

**3** Den Vorteig zusammen mit dem Salz und dem restlichen Wasser zu einem geschmeidigen Teig verkneten. Diesen mit etwas Mehl bestäuben, mit einem Tuch abdecken und etwa 40 Minuten an einem warmen Ort gehen lassen.

**4** Die Sardellen in kleinere Stücke schneiden. Die Artischockenherzen vierteln. Den Backofen auf 220°C vorheizen und 1 oder 2 Backbleche mit Öl bestreichen.

**5** Den Teig auf einer bemehlten Arbeitsfläche rund (viermal etwa 20 cm ø) oder eckig (Backblechgröße) auswellen, auf 1 bzw. 2 Bleche setzen, die Teigränder etwas hochziehen und den Teigboden mehrmals mit einer Gabel einstechen.

**6** Das Ganze mit etwa 2 Eßlöffeln Öl bestreichen und mit den Tomatenstreifen belegen. Dann die Schinkenstreifen, die Sardellenstücke, die Artischocken und die Oliven gleichmäßig darauf verteilen.

**7** Den Belag leicht salzen, pfeffern und mit dem restlichen Öl beträufeln. Die Pizza auf der unteren Schiene in etwa 25 Minuten knusprig backen. Bei 4 runden Pizzen die beiden Bleche nacheinander abbacken.

### BEILAGENTIP

Probieren Sie einen fruchtigen Kopfsalat zu dieser Pizza. Dazu etwa 150 g blaue Weintrauben waschen, halbieren, entkernen, 1 Pfirsich in Spalten schneiden und 200 g Mandarinenfilets aus der Dose abtropfen lassen. Dann 2 Kopfsalatherzen putzen, waschen, trockenschleudern und zusammen mit dem Obst mischen. Etwa 150 g Naturjoghurt zusammen mit 1 Eßlöffel Zitronensaft, 2 Eßlöffeln Orangensaft, etwas Obstessig, Salat, gemahlenem Pfeffer und einer Prise Zucker verrühren und den Salat damit anmachen.

### GETRÄNKETIP

Probieren Sie zu dieser herzhaften Pizza doch mal einen roten oder weißen Landwein vom Faß.

# KLASSIKER AUS ITALIEN

# PIZZA QUATTRO STAGIONI

## Infoblock

- **Für 1 Backblech (ca. 30 x 40 cm) oder 4 runde Pizzen (ca. 20 cm ø)**
- **Arbeitszeit: ca. 40 Minuten**
- **Zeit zum Gehen: ca. 60 Minuten**
- **Garzeit: ca. 5 Minuten**
- **Backzeit: ca. 25 Minuten**
- **4 Portionen**
- **ca. 1080 kcal je Portion**

## Zutaten

### Für den Teig

400 g Weizenmehl
1 Hefewürfel (ca. 40 g)
ca. 200 ml lauwarmes Wasser
1 gestr. TL Salz
etwas Olivenöl für das Backblech

### Für den Belag

250 g frische Champignons
2 ½ EL Butter
8 große Artischockenherzen aus der Dose
200 g dünn geschnittener Kochschinken
4 reife, große Fleischtomaten
5 EL Olivenöl
etwas Salz
150 g schwarze Oliven
gem. weißer Pfeffer
250 g Mozzarella

---

**1** Das Mehl in eine Schüssel sieben, eine Vertiefung hineindrücken, die Hefe hineinbröseln und mit dem Großteil des Wassers verrühren. Den Hefebrei mit etwas Mehl bestäuben, mit einem Tuch abdecken und etwa 20 Minuten an einem warmen Ort gehen lassen.

**2** Die Champignons putzen, mit einem feuchten Tuch abreiben und in feine Scheiben schneiden. In einer Pfanne die Butter erhitzen. Die Pilzscheiben einige Minuten darin dünsten und dann beiseite stellen.

**3** Den Vorteig zusammen mit dem Salz und dem restlichen Wasser zu einem geschmeidigen Teig verkneten. Diesen mit etwas Mehl bestäuben, mit einem Tuch abdecken und etwa 40 Minuten an einem warmen Ort gehen lassen.

**4** Die Artischocken vierteln und abtropfen lassen. Den Schinken in fingerbreite Streifen schneiden.

**5** Die Fleischtomaten kreuzweise einritzen, von den Stielansätzen befreien, kurz in kochendem Wasser überbrühen, kalt abschrecken, enthäuten, vierteln, entkernen und längs in Streifen schneiden.

**6** Den Backofen auf 220°C vorheizen und 1 oder 2 Backbleche mit Öl bestreichen. Den Teig auf einer bemehlten Arbeitsfläche rund (viermal etwa 20 cm ø) oder eckig (Backblechgröße) ausrollen, auf 1 bzw. 2 Bleche setzen und die Teigränder leicht hochziehen.

**7** Das Ganze mit gut der Hälfte des Öls bepinseln. Je ein Viertel des Pizzabodens mit Schinken, mit Tomaten, mit Artischocken und schließlich mit Champignons belegen. Die Oliven gleichmäßig darauf verteilen.

**8** Den Belag leicht salzen und pfeffern. Den Mozzarella in dünne Scheiben schneiden und gleichmäßig darauf verteilen. Das restliche Öl darüberträufeln.

**9** Das Ganze auf der mittleren Schiene in etwa 25 Minuten knusprig backen. Bei 4 runden Pizzen die beiden Bleche nacheinander abbacken.

### BEILAGENTIP

**Zur Pizza Vier Jahreszeiten empfehlen wir einen Rucolasalat mit grünen und schwarzen Oliven. Servieren Sie Balsamessig, Olivenöl, Salz und Pfeffer dazu, so kann sich jeder den Salat selbst anmachen.**

## KLASSIKER AUS ITALIEN

### REZEPTVARIATION

Sie können natürlich jeden Sektor der Pizza auch mit einer anderen Zutat Ihrer Wahl belegen. Wie wäre es mit Muscheln, Sardinen, Paprikastreifen oder grünen Oliven?

### GETRÄNKETIP

Zu dieser Pizza sollten Sie einen fruchtigen, roséfarbenen Kretzer (Lagreintraube) aus Südtirol servieren.

# PIZZA AL FUNGHI E PROSCIUTTO

## Infoblock

- Für 1 Backblech (ca. 30 x 40 cm) oder 4 runde Pizzen (ca. 20 cm ø)
- Arbeitszeit: ca. 50 Minuten
- Zeit zum Gehen: ca. 60 Minuten
- Backzeit: ca. 25 Minuten
- 4 Portionen
- ca. 860 kcal je Portion

## Zutaten

### Für den Teig

400 g Weizenmehl
1 Hefewürfel (ca. 40 g)
1 Prise Zucker
ca. 200 ml lauwarmes Wasser
1 gestr. TL Salz
etwas Olivenöl für das Backblech

### Für den Belag

ca. 500 g Dosentomaten ohne Saft (1 große Dose)
½ Bund Blattpetersilie
375 g Mozzarella
250 g dünn geschnittener Kochschinken
500 g frische braune Champignons, ersatzweise weiße Champignons
etwas Salz
gem. schwarzer Pfeffer

---

**1** Das Mehl in eine Schüssel sieben, eine Mulde hineindrücken, die Hefe hineinbröckeln, den Zucker dazugeben und beides mit dem Großteil des Wassers verrühren. Das Ganze mit etwas Mehl bestäuben, mit einem Tuch abdecken und an einem warmen Ort etwa 20 Minuten gehen lassen.

**2** Die Tomaten grob zerkleinern. Die Petersilieblättchen von den Stengeln zupfen, waschen, trockentupfen und fein wiegen. Den Mozzarella in dünne Scheiben schneiden.

**3** Den Vorteig zusammen mit dem restlichen Wasser und dem Salz zu einem geschmeidigen Teig verkneten. Diesen mit etwas Mehl bestäuben, mit einem Tuch abdecken und an einem warmen Ort etwa 40 Minuten gehen lassen.

**4** Die Schinkenscheiben halbieren oder vierteln. Die Champignons putzen, mit einem feuchten Tuch abreiben, die Stiele etwas kürzen und die Pilze feinblättrig schneiden.

**5** Den Backofen auf 220°C vorheizen und 1 oder 2 Backbleche mit Öl bepinseln.

**6** Den Teig auf einer bemehlten Arbeitsfläche rund (viermal etwa 20 cm ø) oder eckig (Backblechgröße) auswellen, auf 1 bzw. 2 Bleche legen, die Teigränder etwas hochziehen und die Tomatenstücke auf dem Pizzaboden verteilen.

**7** Die Petersilie darüberstreuen. Alles leicht salzen und pfeffern. Schinken- und Champignonscheiben auf dem Tomatenbelag verteilen. Das Ganze nochmals leicht salzen und pfeffern und zum Schluß mit dem Mozzarella gleichmäßig belegen.

**8** Die Pizza auf der mittleren Schiene in etwa 25 Minuten knusprig backen. Bei 4 runden Pizzen die beiden Bleche nacheinander abbacken.

## REZEPTVARIATIONEN

- Im Original wird die Pizza mit frischen Steinpilzen zubereitet. Sollten Sie in der Pilzsaison Steinpilze bekommen, dann verwenden Sie pro Person etwa 50 g. Es erwartet Sie ein intensives und ganz besonderes Geschmackserlebnis.
- Tauschen Sie den Schinken mal gegen eine original italienische Mortadella oder eine hauchdünn geschnittene Knoblauchsalami aus Italien ein.
- Sollten Sie keine frischen Pilze zur Hand haben, verwenden Sie etwa 400 g eingekochte Champignonköpfe (1 großes Glas). Die Pilze gut abtropfen lassen und je nach Größe halbieren.

## KLASSIKER AUS ITALIEN

### GETRÄNKETIPS

◆ Wir empfehlen einen ausdrucksvollen Weißwein aus der Toskana. Wie wäre es mit dem Lieblingstropfen Michelangelos? Er trank gern einen Vernaccia di San Gimignano aus der Gegend um Siena.

◆ Rotweintrinker sollten einen Lemberger oder einen Trollinger aus Baden-Württemberg versuchen.

# PIZZA CAMPOFRANCO

## Infoblock

- **Für 1 Springform** (ca. 28 cm ø)
- **Arbeitszeit: ca. 60 Minuten**
- **Zeit zum Gehen:** ca. 1¼ Stunden
- **Garzeit: ca. 10 Minuten**
- **Backzeit: ca. 35 Minuten**
- **4 Portionen**
- **ca. 1140 kcal je Portion**

## Zutaten

### Für den Teig

300 g Weizenmehl
½ Hefewürfel (ca. 20 g)
1 gestr. TL Zucker
ca. 6 EL lauwarme Milch
2 frische Eier
150 g zimmerwarme Butter
½ gestr. TL Salz
etwas flüssige Butter und etwas Mehl für die Form
1 frisches Eigelb zum Bestreichen

### Für den Belag

4 große reife Fleischtomaten
4 EL Olivenöl
etwas Salz
gem. schwarzer Pfeffer
einige Basilikumblättchen
250 g Mozzarella
150 g roher Schinken in Scheiben
50 g geriebener Pecorino

---

**1** Das Mehl in eine Schüssel sieben, und eine Mulde hineindrücken. Hefe sowie Zucker zusammen mit der Milch verrühren und in die Mulde gießen. Das Ganze mit etwas Mehl bestäuben, mit einem Tuch abdecken und etwa 20 Minuten an einem warmen Ort gehen lassen. Die Butter in Flöckchen schneiden.

**2** Die Tomaten kreuzweise einritzen, von den Stielansätzen befreien, in kochendem Wasser kurz überbrühen, abschrecken, enthäuten, vierteln, entkernen und kleinwürfeln.

**3** Das Öl erhitzen, die Tomatenwürfel hineingeben und alles unter Rühren knapp 10 Minuten köcheln lassen. Das Ganze salzen und pfeffern.

**4** Den Vorteig mit allen übrigen Zutaten zu einem geschmeidigen Teig verkneten, mit etwas Mehl bestäuben, mit einem Tuch abdecken und an einem warmen Ort etwa 40 Minuten gehen lassen. Den Mozzarella in kleine Würfel und den Schinken in schmale Streifen schneiden.

**5** Den Backofen auf etwa 210°C vorheizen. Eine Springform mit Butter ausfetten und mit etwas Mehl ausstäuben. Den Teig in ein größeres (etwa zwei Drittel des Teiges) und ein kleineres Stück teilen.

**6** Das größere Teigstück auf einer bemehlten Arbeitsfläche so auswellen, daß die Springform bis zum Rand hoch ausgekleidet werden kann. Den Teig in die Form legen, die Ränder leicht andrücken und den Boden mit einer Gabel mehrmals einstechen. Die Basilikumblätter waschen, trockentupfen und fein wiegen.

**7** Den Teigboden mit dem Tomatenmus bestreichen, dann mit je einem Teil der Mozzarellawürfel und des Basilikums belegen. Die Schinkenstreifen darüberlegen, restlichen Mozzarella und Basilikum darauf verteilen. Das Ganze mit dem Pecorino bestreuen.

**8** Den restlichen Teig auf einer bemehlten Arbeitsfläche zu einer runden Platte (etwa 28 cm ø) auswellen, auf die Füllung setzen und am Teigrand leicht andrücken. Das Eigelb verquirlen und den Teigdeckel damit bepinseln. Alles mit einem Tuch abdecken und an einem warmen Ort etwa 15 Minuten gehen lassen. Dann mit einem Holzstäbchen mehrere kleine Löcher in den Teigdeckel stechen.

**9** Den Pizzakuchen auf der mittleren Schiene etwa 35 Minuten backen. Nach der Hälfte der Backzeit die Hitze auf etwa 180°C reduzieren. Die fertige Pizza vor dem Anschneiden einige Minuten ruhen lassen.

## KLASSIKER AUS ITALIEN

**REZEPTVARIATION**

Das Innenleben des Pizzakuchens können Sie auch mit anderen Schinkensorten und Ihrem Lieblingskäse ganz nach Ihren Geschmacksvorlieben abwandeln.

**GETRÄNKETIP**

Zu diesem aus Kampanien stammenden Pizzakuchen paßt ein weißer oder ein roter Wein namens Ischia von der gleichnamigen Insel. Ischia liegt direkt vor der Küste Kampaniens.

# SFINCIONI ALLA SICILIANA

## Infoblock

- Für 8 kleine, runde Pizzen (ca. 12 cm ø)
- Arbeitszeit: ca. 50 Minuten
- Zeit zum Gehen: ca. 60 Minuten
- Backzeit: 20 bis 25 Minuten
- 4 Portionen
- ca. 1080 kcal je Portion

## Zutaten

### Für den Teig

400 g Weizenmehl
1 Hefewürfel (ca. 40 g)
1 Prise Zucker
knapp 200 ml lauwarmes Wasser
1 EL Olivenöl
1 gestr. TL Salz
etwas Olivenöl für das Backblech

### Für den Belag

500 g reife Tomaten
7 EL Olivenöl
2 Knoblauchzehen
einige Basilikum- und Oreganoblättchen
etwas Salz
gem. schwarzer Pfeffer
2 große Zwiebeln
200 g milde, kleine Salamischeiben (dünn geschnitten)
200 g frisch geriebener Pecorino Sardo

**1** Das Mehl in eine Schüssel sieben, eine Vertiefung hineindrücken, die Hefe hineinbröckeln, den Zucker dazugeben und beides mit einem Großteil des Wassers verrühren. Das Ganze mit etwas Mehl bestäuben, mit einem Tuch abdecken und an einem warmen Ort etwa 20 Minuten gehen lassen.

**2** Die Tomaten waschen, trockenreiben, von den Stielansätzen befreien und kleinschneiden. Etwa 3 Eßlöffel des Olivenöls erhitzen, Tomaten und Knoblauch dazugeben und das Ganze unter Rühren mindestens 10 Minuten bei offenem Topf köcheln lassen.

**3** Den Vorteig zusammen mit dem Öl, dem restlichen Wasser und dem Salz zu einem geschmeidigen Teig verkneten. Den Teig in acht Portionen teilen, diese mit etwas Mehl bestäuben, mit einem Tuch abdecken und an einem warmen Ort etwa 40 Minuten gehen lassen.

**4** Die Kräuterblätter abspülen, trockentupfen, fein hacken und unter das Tomatenmus rühren. Das Ganze salzen und pfeffern. Die Zwiebeln schälen, halbieren und in hauchdünne Streifen schneiden.

**5** Den Backofen auf 220°C vorheizen und zwei Backbleche mit Öl bepinseln. Die Teigstücke einzeln auswellen (ca. 12 cm ø), auf die Bleche setzen und die Teigränder etwas hochziehen.

**6** Das Tomatenmus durch ein Sieb streichen, gegebenenfalls nochmals nachwürzen und auf die Pizzaböden streichen. Zwiebelstreifen und Salamischeiben darauf verteilen. Alles gleichmäßig mit dem Käse bestreuen und mit dem restlichen Öl beträufeln.

**7** Die Pizzen auf der mittleren Schiene in 20 bis 25 Minuten knusprig backen. Die beiden Bleche nacheinander abbacken.

### REZEPTVARIATION

Wenn Sie mögen, belegen Sie die Pizzen zusätzlich mit einigen schwarzen Oliven, 4 fein gehackten Sardellen und 2 bis 4 Eßlöffeln eingelegten Kapern.

### GETRÄNKETIP

Um in der südlichen Region Italiens zu bleiben, empfehlen wir einen gut gekühlten Corvo Bianco oder einen zimmerwarmen Corvo Rosso (beides beliebte Weine aus Sizilien).

## KLASSIKER AUS ITALIEN

### PRAKTISCHER TIP

Falls Sie mal einen Stehempfang planen, bereiten Sie etwa 16 Minipizzen aus dem angegebenen Rezept zu und bieten diese als Snack an.

# PIZZA ALLE VONGOLE

## Infoblock

- **Für 1 Backblech (ca. 30 x 40 cm) oder 4 runde Pizzen (ca. 20 cm ø)**
- **Arbeitszeit: ca. 60 Minuten**
- **Zeit zum Gehen: ca. 60 Minuten**
- **Garzeit: ca. 5 Minuten**
- **Backzeit: 20 bis 25 Minuten**
- **4 Portionen**
- **ca. 690 kcal je Portion**

## Zutaten

### Für den Teig

400 g Weizenmehl
1 Hefewürfel (ca. 40 g)
1 Prise Zucker
ca. 200 ml lauwarmes Wasser
1 gestr. TL Salz
etwas Olivenöl für das Backblech

### Für den Belag

je ½ Bund Petersilie und Basilikum
4 Knoblauchzehen
1 Schalotte
1½ kg frische Muscheln (Venus- oder Miesmuscheln)
ca. 500 g geschälte Dosentomaten (1 große Dose)
etwas Salz
gem. weißer Pfeffer
ca. 8 EL Olivenöl
150 ml trockener Prosecco

**1** Das Mehl in eine Schüssel sieben, eine Vertiefung hineindrücken, die Hefe hineinbröseln, den Zucker darüberstreuen und beides mit einem Teil des Wassers verrühren. Das Ganze mit etwas Mehl bestäuben, mit einem Tuch abdecken und etwa 20 Minuten an einem warmen Ort gehen lassen.

**2** Petersilie- sowie Basilikumblättchen von den Stengeln zupfen, waschen, trockentupfen und getrennt hacken. Knoblauch und Schalotte schälen und beides fein würfeln.

**3** Die Muscheln in kaltem Wasser solange schrubben und wässern, bis das Wasser klar bleibt. Offene Muscheln aussortieren und wegwerfen.

**4** Den Vorteig zusammen mit dem Salz und dem restlichen Wasser zu einem geschmeidigen Teig verkneten. Diesen mit etwas Mehl bestäuben, mit einem Tuch abdecken und etwa 40 Minuten an einem warmen Ort gehen lassen.

**5** Die Tomaten kleinschneiden und zusammen mit dem Basilikum wieder in den Saft geben. Das Ganze salzen, pfeffern und verrühren. Den Backofen auf 220°C vorheizen und 1 oder 2 Backbleche mit Öl bepinseln.

**6** In einem Topf etwa 6 Eßlöffel Öl erhitzen. Die Knoblauch- und Schalottenwürfel darin etwa 1 Minute glasig schwitzen, dann den Prosecco und die Muscheln dazugeben. Die Petersilie darüberstreuen und das Ganze bei geschlossenem Topf etwa 5 Minuten kochen.

**7** Sobald sich die Muschelschalen geöffnet haben, alles abgießen, geschlossene Muscheln wegwerfen und aus den übrigen das Muschelfleisch herauslösen. Dabei einige ganze Muscheln für die Dekoration zurückbehalten. Die Knoblauch-Schalotten-Petersilien-Mischung beiseite stellen.

**8** Den Teig auf einer bemehlten Arbeitsfläche rund (viermal etwa 20 cm ø) oder eckig (Backblechgröße) auswellen, auf 1 bzw. 2 Bleche setzen, mit dem restlichen Öl bepinseln und mit einer Gabel mehrmals einstechen. Das Ganze auf der mittleren Schiene etwa 15 Minuten vorbacken.

**9** Die Pizza aus dem Ofen nehmen, mit dem Tomatenmus bestreichen, gleichmäßig mit dem Muschelfleisch belegen und die Knoblauch-Schalotten-Petersilienmischung darauf verteilen. Das Ganze leicht pfeffern und in 5 bis 10 Minuten fertigbacken. Bei 4 runden Pizzen die Bleche nacheinander abbacken.

## KLASSIKER AUS ITALIEN

### GETRÄNKETIPS

Probieren Sie zur Muschelpizza einen Orvieto (Weißwein aus Umbrien) oder einen Torgiano (Rotwein aus Umbrien).

### PRAKTISCHER TIP

Sollten Sie außerhalb der Muschelsaison auf Pizza alle Vongole Appetit verspüren, so können Sie auf konservierte Ware (in Sud eingelegt) zurückgreifen. Sie benötigen dann etwa 350 g Muschelfleisch.

# PIZZA AL TONNO

### Infoblock

- **Für 1 Backblech (ca. 30 x 40 cm) oder 4 runde Pizzen (ca. 20 cm ø)**
- **Arbeitszeit: ca. 30 Minuten**
- **Zeit zum Gehen: ca. 60 Minuten**
- **Backzeit: ca. 25 Minuten**
- **4 Portionen**
- **ca. 930 kcal je Portion**

### Zutaten

#### Für den Teig

400 g Weizenmehl
1 Hefewürfel (ca. 40 g)
1 Prise Zucker
ca. 200 ml lauwarmes Wasser
1 gestr. TL Salz
1 EL Olivenöl
etwas Olivenöl für das Backblech

#### Für den Belag

2 mittelgroße Zwiebeln
2 Knoblauchzehen
ca. 400 g geschälte Dosentomaten (1 kleine Dose)
4 EL Olivenöl
etwas Salz
3 eingelegte Sardellenfilets
1 EL eingelegte Kapern
3 Dosen Thunfisch in Öl (etwa 450 g Fischeinwaage insgesamt)
50 g grüne Oliven ohne Stein

**1** Das Mehl in eine Schüssel sieben, eine Vertiefung hineindrücken, die Hefe hineinbröseln, den Zucker und einen Teil des Wassers dazugeben und beides verrühren. Das Ganze mit etwas Mehl bestäuben, mit einem Tuch abdecken und etwa 20 Minuten an einem warmen Ort gehen lassen.

**2** Die Zwiebeln schälen, halbieren und in hauchdünne Streifen schneiden. Den Knoblauch schälen und fein hacken. Die Tomaten kleinschneiden und mit der Hälfte des Tomatensafts mischen.

**3** Den Vorteig zusammen mit Salz, Öl und dem restlichen Wasser zu einem geschmeidigen Teig verkneten. Diesen mit etwas Mehl bestäuben, mit einem Tuch abdecken und etwa 40 Minuten an einem warmen Ort gehen lassen.

**4** Die Sardellen zusammen mit den Kapern fein hacken. Den Thunfisch abtropfen lassen, mit einer Gabel zerpflücken. Die Oliven in Scheiben schneiden. Den Backofen auf 220°C vorheizen. 1 oder 2 Backbleche mit Öl bestreichen.

**5** Den Teig auf einer bemehlten Arbeitsfläche rund (viermal etwa 20 cm ø) oder eckig (Backblechgröße) auswellen, auf 1 bzw. 2 Bleche setzen und die Teigränder etwas hochziehen.

**6** Das Ganze mit dem Öl bepinseln und gleichmäßig mit den Zwiebeln belegen. Den Thunfisch sowie die Sardellen-Kapern-Masse und die Oliven darauf verteilen. Das Tomatenmus löffelweise auf dem Belag verteilen.

**7** Die Pizza auf der mittleren Schiene etwa 25 Minuten backen. Dabei den Belag in den letzten Minuten mit Alufolie abdecken. Bei 4 runden Pizzen die beiden Bleche nacheinander abbacken.

### BEILAGENTIP

Servieren Sie zur saftigen Thunfischpizza einen Tomatensalat mit frischem Basilikum und einer einfachen Essig-Öl-Marinade.

### REZEPTVARIATION

Verwenden Sie nur etwa die halbe Menge Thunfisch und zusätzlich etwa 250 g aufgetaute, abgetropfte TK-Meeresfrüchte.

### GETRÄNKETIPS

- Servieren Sie als Aperitif einen Campari mit Eis und Soda oder Orangensaft.
- Zur Pizza empfehlen wir einen spritzigen, gut gekühlten Frizzantino (leicht schäumender Weißwein aus Italien).

**KLASSIKER AUS ITALIEN**

# PIZZA VERDE

## Infoblock

- Für 1 Backblech (ca. 30 x 40 cm) oder 4 runde Pizzen (ca. 20 cm ø)
- Arbeitszeit: ca. 1¼ Stunden
- Zeit zum Gehen: ca. 60 Minuten
- Garzeit: ca. 8 Minuten
- Backzeit: ca. 25 Minuten
- 4 Portionen
- ca. 910 kcal je Portion

## Zutaten

### Für den Teig

400 g Weizenmehl
1 Hefewürfel (ca. 40 g)
ca. 200 ml lauwarmes Wasser
1 Prise Zucker
1 EL Olivenöl
1 gestr. TL Salz
Olivenöl für das Backblech

### Für den Belag

je 500 g frischer Mangold und frischer Spinat
etwas Salz
1 mittelgroße Zwiebel
5 Knoblauchzehen
80 g Butter
5 EL Olivenöl
2 EL Tomatenmark
gem. schwarzer Pfeffer
150 g Gorgonzola (Blauschimmelkäse aus Italien)

**1** Das Mehl in eine Schüssel sieben, eine Mulde hineindrücken, die Hefe in das Wasser bröckeln, zusammen mit dem Zucker verrühren und in die Mulde gießen. Das Ganze mit etwas Mehl bestäuben und an einem warmen Ort etwa 20 Minuten gehen lassen.

**2** Mangold und Spinat putzen, von festen Blattrippen befreien, gründlich waschen, in siedendem Salzwasser etwa 1 Minute blanchieren, herausnehmen, mit kaltem Wasser abschrecken und sehr gut abtropfen lassen.

**3** Den Vorteig zusammen mit dem Öl und dem Salz zu einem geschmeidigen Teig verkneten. Diesen mit etwas Mehl bestäuben, mit einem Tuch abdecken und an einem warmen Ort etwa 40 Minuten gehen lassen.

**4** Zwiebel und Knoblauch schälen und fein hacken. Spinat und Mangold ebenfalls kleinhacken und mit der Hand ausdrücken, so daß die Masse noch trockener wird. Etwa 4 Eßlöffel Butter erhitzen. Zwiebel- und Knoblauchwürfel darin glasig schwitzen. Spinat und Mangold darunterheben und das Ganze beiseite stellen.

**5** Den Backofen auf etwa 210°C vorheizen und 1 oder 2 Backbleche mit etwas Öl bepinseln. Den Teig auf einer bemehlten Arbeitsfläche rund (viermal etwa 20 cm ø) oder eckig (Backblechgröße) ausrollen, auf 1 bzw. 2 Bleche setzen, die Teigränder etwas hochziehen und mit etwas Öl bepinseln.

**6** Die Mangold-Spinat-Masse darauf verteilen und das Ganze leicht salzen und pfeffern. Den Gorgonzola in kleine Würfel schneiden und auf den grünen Belag geben. Die restliche Butter in Flöckchen darauf setzen.

**7** Die Pizza auf der untersten Schiene in etwa 25 Minuten knusprig backen. Bei 4 runden Pizzen die beiden Bleche nacheinander abbacken.

## REZEPTVARIATIONEN

- Außerhalb der Saison können Sie bei Spinat und Mangold auf TK-Ware zurückgreifen. Diese auftauen, gut abtropfen lassen und anschließend mit den Händen etwas ausdrücken.
- Pizza verde mit Thunfisch ist eine sehr beliebte Variante in Italien. Dazu etwa 150 g Thunfisch (in Öl eingelegt) abtropfen lassen, zerpflücken und vor dem Käse auf der Pizza verteilen.

## GETRÄNKETIP

Um in der lombardischen Heimat des Gorgonzola zu bleiben, empfehlen wir einen Lugana. Er ist einer der besten Weißweine vom südlichen Gardasee.

**KLASSIKER AUS ITALIEN**

# PIZZA FORMAGGIO

## Infoblock

- ◆ Für 1 Backblech
  (ca. 30 x 40 cm) oder
  4 runde Pizzen (ca. 22 cm ø)
- ◆ Arbeitszeit: ca. 40 Minuten
- ◆ Zeit zum Gehen:
  ca. 1¼ Stunden
- ◆ Backzeit: ca. 25 Minuten
- ◆ 4 Portionen
- ◆ ca. 1050 kcal je Portion

## Zutaten

### Für den Teig

600 g Weizenmehl
1 Hefewürfel (ca. 40 g)
1 Prise Zucker
ca. 200 ml lauwarmes Wasser
je 50 g geriebener Pecorino
(italienischer Hartkäse) und
Parmesan
2 frische Eier
50 g Greyerzer (Schweizer
Hartkäse) am Stück
etwas Salz
1 EL Olivenöl
etwas Olivenöl für das Backblech

### Für den Belag

gut 600 g reife Tomaten
5 EL Olivenöl
etwas Salz
gem. schwarzer Pfeffer
1-2 TL getrocknete italienische
Kräuter

---

**1** Das Mehl in eine Schüssel sieben, eine Mulde hineindrücken, die Hefe hineinbröckeln, den Zucker dazugeben und beides mit etwas Wasser verrühren. Das Ganze mit etwas Mehl bestäuben, mit einem Tuch abdecken und an einem warmen Ort etwa 20 Minuten gehen lassen.

**2** Die Tomaten kreuzweise einritzen, von den Stielansätzen befreien, in kochendem Wasser kurz überbrühen, kalt abschrecken, enthäuten und quer in dünne Scheiben schneiden.

**3** Pecorino und Parmesan zusammen mit den Eiern verquirlen. Den Greyerzer kleinwürfeln und die Hälfte davon unter die Käse-Ei-Mischung rühren. Den Vorteig zusammen mit einer Prise Salz, dem restlichen Wasser, dem Öl und der Käse-Ei-Masse verkneten. Diesen mit etwas Mehl bestäuben, mit einem Tuch abdecken und etwa 40 Minuten an einem warmen Ort gehen lassen.

**4** Den Backofen auf 200°C vorheizen und 1 oder 2 Backbleche mit Öl bepinseln. Den Teig auf einer bemehlten Arbeitsfläche rund (viermal etwa 22 cm ø) oder eckig (Backblechgröße) auswellen, auf 1 bzw. 2 Backbleche legen und die Teigränder leicht hochziehen.

**5** Die Teigoberfläche mehrmals mit einer Gabel einstechen, mit dem Öl bepinseln und gleichmäßig mit Tomatenscheiben belegen. Salz, Pfeffer und italienische Kräuter darüberstreuen. Den Greyerzer reiben und auf der Pizza verteilen. Das Ganze mit einem Tuch abdecken und an einem warmen Ort nochmals etwa 15 Minuten gehen lassen.

**6** Die Pizza anschließend auf der mittleren Schiene in etwa 25 Minuten knusprig backen, herausnehmen und vor dem Anschneiden kurz ruhen lassen. Bei 4 runden Pizzen die beiden Bleche nacheinander abbacken.

### REZEPTVARIATION

Variieren Sie die geriebenen Käsesorten für den Teig nach Belieben. Fragen Sie in Ihrem Käsefachgeschäft nach weiteren Würzkäsesorten (Hart- oder Reibekäse) aus Italien (zum Beispiel Parmigiano-Reggiano, Granasorten oder Asiago vecchio).

### BEILAGENTIP

Einen frischen Feldsalat mit einigen gekochten Garnelen dazu servieren. Am Tisch kann sich jeder seinen Salat mit Balsamessig, Olivenöl, Salz und frisch gemahlenem schwarzem Pfeffer anmachen.

**KLASSIKER AUS ITALIEN**

# PIZZA ALLA GORGONZOLA

## Infoblock

- Für 1 Backblech (ca. 30 x 40 cm) oder 4 runde Pizzen (ca. 20 cm ø)
- Arbeitszeit: ca. 40 Minuten
- Zeit zum Gehen: ca. 60 Minuten
- Garzeit: ca. 15 Minuten
- Backzeit: ca. 25 Minuten
- 4 Portionen
- ca. 820 kcal je Portion

## Zutaten

### Für den Teig

400 g Weizenmehl
1 Hefewürfel (ca. 40 g)
1 Prise Zucker
ca. 200 ml lauwarmes Wasser
1 gestr. TL Salz
1 EL Olivenöl
etwas Olivenöl für das Backblech

### Für den Belag

ca. 400 g geschälte Dosentomaten (1 kleine Dose)
etwas Salz
gem. weißer Pfeffer
1-2 TL getrocknete italienische Kräuter
4 EL Olivenöl
300 g Gorgonzola (Blauschimmelkäse aus Italien)

**1** Das Mehl in eine Schüssel sieben, eine Vertiefung hineindrücken, die Hefe hineinbröckeln, den Zucker dazugeben und beides mit etwas Wasser verrühren. Das Ganze mit etwas Mehl bestäuben, mit einem Tuch abdecken und an einem warmen Ort etwa 20 Minuten gehen lassen.

**2** Die Tomaten kleinschneiden, zusammen mit dem Tomatensaft etwa 15 Minuten leise köcheln lassen, salzen, pfeffern, mit Kräutern würzen.

**3** Den Vorteig zusammen mit dem Salz, dem Öl und dem restlichen Wasser zu einem geschmeidigen Teig verkneten. Diesen mit etwas Mehl bestäuben, mit einem Tuch abdecken und an einem warmen Ort etwa 40 Minuten gehen lassen.

**4** Den Backofen auf 220°C vorheizen und 1 oder 2 Backbleche mit Öl bepinseln. Den Teig auf einer bemehlten Arbeitsfläche rund (viermal etwa 20 cm ø) oder eckig (Backblechgröße) auswellen, auf 1 bzw. 2 Backbleche legen und die Teigränder etwas hochziehen.

**5** Die Teigoberfläche mit etwa der Hälfte des Öls bepinseln und das Tomatenmus darauf streichen. Den Gorgonzola in kleine Stücke zerteilen und die Pizza damit belegen. Alles mit dem restlichen Öl beträufeln.

**6** Die Pizza auf der untersten Schiene etwa 25 Minuten backen. Bei 4 runden Pizzen die beiden Bleche nacheinander abbacken.

### REZEPTVARIATIONEN

◆ Anstatt des Gorgonzola können Sie auch etwa 150 g Gorgonzola und etwa 150 g Roquefort (Blauschimmelkäse aus Frankreich) verwenden. Mit dieser Mischung schmeckt die Pizza sehr kräftig.

◆ Nehmen Sie nur etwa 200 g Gorgonzola, mischen diesen mit etwa 100 g Ricotta (Frischkäse aus Italien), dann wird die Pizza milder.

◆ Ebenso können knapp 200 g Gorgonzola und 125 g Mozzarella (1 Kugel), in Würfel geschnitten, verwendet werden.

### BEILAGENTIP

Zu dieser sättigenden Pizza servieren Sie am besten einen Blattsalat mit Essig-Öl-Marinade oder eine Karottenrohkost mit Zitronensaft-Öl-Dressing.

### GETRÄNKETIP

Ein Prosecco ist nicht nur ein schöner Aperitif, nein, dieser leichte, weiße Schaumwein aus Norditalien kann durchaus auch zum Hauptgang getrunken werden.

**KLASSIKER AUS ITALIEN**

# CALZONE AUS APULIEN

### Infoblock

- **Für 1 große Calzone**
- **Arbeitszeit: ca. 50 Minuten**
- **Zeit zum Gehen:**
  **ca. 1¼ Stunden**
- **Garzeit: ca. 20 Minuten**
- **Backzeit: 30 bis 35 Minuten**
- **3-4 Portionen**
- **ca. 940 kcal je Portion**

### Zutaten

#### Für den Teig

400 g Weizenmehl
1 Hefewürfel (ca. 40 g)
1 Prise Zucker
ca. 200 ml lauwarmes Wasser
1 EL Olivenöl
1 gestr. TL Salz
4 EL Olivenöl für das Backblech und zum Bestreichen
1 frisches Eigelb

#### Für die Füllung

500 g Zwiebeln
150 g schwarze Oliven
5 eingelegte Sardellenfilets
½ Bund Petersilie
4 EL Olivenöl
ca. 400 g Dosentomaten
(1 kleine Dose)
etwas Salz
gem. schwarzer Pfeffer
je 50 g geriebener Pecorino
(italienischer Hartkäse) und
Parmesan

**1** Das Mehl in eine Schüssel sieben, eine Vertiefung hineindrücken, die Hefe hineinbröseln, den Zucker dazugeben und beides mit einem Großteil des Wassers verrühren. Das Ganze mit etwas Mehl bestäuben, mit einem Tuch abdecken und an einem warmen Ort etwa 20 Minuten gehen lassen.

**2** Die Zwiebeln schälen, halbieren und in dünne Streifen schneiden. Die Oliven entkernen und fein hacken. Die Sardellen kleinschneiden. Die Petersilie von den Stengeln zupfen, waschen, trockentupfen und fein wiegen.

**3** Den Vorteig zusammen mit dem Öl, dem restlichen Wasser und dem Salz zu einem geschmeidigen Teig verkneten. Diesen mit etwas Mehl bestäuben, mit einem Tuch abdecken und an einem warmen Ort etwa 40 Minuten gehen lassen.

**4** Das Öl erhitzen, die Zwiebelstreifen darin etwa 15 Minuten dünsten, dann Sardellen, Oliven sowie Petersilie darunterrühren. Die Tomaten zerkleinern und zusammen mit der Hälfte des Tomatensafts daruntermengen. Das Ganze salzen, pfeffern und beiseite stellen.

**5** Den Backofen auf 220°C vorheizen und 1 Backblech mit etwa 1 Eßlöffel Öl bestreichen. Den Teig auf einer bemehlten Arbeitsfläche zu einem ovalen Teigstück (etwa Backblechgröße) auswellen. Dieses so auf das Backblech legen, daß ein Teil zur Seite hin überhängt.

**6** Die beiden Käsesorten unter die Zwiebel-Tomaten-Masse rühren und diese auf der Hälfte des Teiges verteilen. Dabei einen schmalen Rand freilassen. Die überhängende Teighälfte darüberklappen und die Teigränder fest zusammendrücken. Das Eigelb mit dem restlichen Öl verrühren und die Teigtasche gleichmäßig damit einpinseln.

**7** Die Pizza an einem warmen Ort etwa 15 Minuten gehen lassen und dann auf der mittleren Schiene 30 bis 35 Minuten backen. Nach den ersten 10 Minuten die Hitze auf 200°C reduzieren. Die fertige Calzone aus dem Ofen nehmen und vor dem Anschneiden einige Minuten ruhen lassen.

### REZEPTVARIATIONEN

◆ Für eine sogenannte Calzone pugliesi geben Sie einfach etwa 100 g Rosinen und 1 Eßlöffel eingelegte Kapern unter die Füllung.

◆ Pecorino und Parmesan können gegen 100 g zerbröckelten Schafskäse ausgetauscht werden. Besonders würzig ist Schafskäse mit Kräutern.

# KLASSIKER AUS ITALIEN

### GETRÄNKETIPS

Zu dieser herzhaften Tomaten-Zwiebel-Füllung sollten Sie ein kühles Pils, ein Radler (halb Zitronenlimonade, halb Pils) oder einfach ein Mineralwasser mit Zitronensaft servieren.

### PRAKTISCHER TIP

Sie können aus dem Teig und der Füllung auch 2 bis 4 kleinere Calzoni herstellen. Die Backzeit verkürzt sich je nach Größe etwas. Eventuell werden 2 Backbleche nötig.

# CALZONE ALLA LUCANA

### Infoblock
- Für 1 große Calzone
- Arbeitszeit: ca. 60 Minuten
- Zeit zum Gehen: ca. 1¼ Stunden
- Garzeit: ca. 5 Minuten
- Backzeit: ca. 30 Minuten
- 4 Portionen
- ca. 780 kcal je Portion

### Zutaten

#### Für den Teig
500 g Weizenmehl
1 Hefewürfel (ca. 40 g)
1 Prise Zucker
ca. 200 ml lauwarmes Wasser
3 EL Olivenöl
1 gestr. TL Salz

#### Für die Füllung
800 g frischer Mangold
etwas Salz
2 EL eingelegte Kapern
3 eingelegte Sardellenfilets
4 Knoblauchzehen
150 g grüne Oliven ohne Stein
gem. schwarzer Pfeffer

#### Außerdem
5 EL Olivenöl für das Backblech und zum Bestreichen

**1** Das Mehl in eine Schüssel sieben, eine Vertiefung hineindrücken, die Hefe hineinbröseln, den Zucker dazugeben und beides mit einem Teil des Wassers verrühren. Das Ganze mit etwas Mehl bestäuben, mit einem Tuch abdecken und an einem warmen Ort etwa 20 Minuten gehen lassen.

**2** Den Mangold putzen, waschen, von festen Blattrippen befreien, grob zerschneiden und in reichlich kochendes Salzwasser geben. Das Ganze etwa 5 Minuten bei geöffnetem Topf kochen lassen, abgießen, kalt abschrecken, gut abtropfen lassen, mit den Händen fest ausdrücken und fein hacken.

**3** Den Vorteig zusammen mit dem Öl, dem restlichen Wasser und dem Salz zu einem geschmeidigen Teig verkneten. Diesen mit etwas Mehl bestäuben, und abgedeckt an einem warmen Ort etwa 40 Minuten gehen lassen.

**4** Kapern sowie Sardellen fein wiegen. Den Knoblauch schälen und fein hacken. Den Backofen auf 220°C vorheizen und 1 Backblech mit etwa 1 Eßlöffel Öl bepinseln.

**5** Den Teig auf einer bemehlten Arbeitsfläche zu einem ovalen Teigstück (Backblechgröße) auswellen, so auf dem Backblech plazieren, daß eine Teighälfte zur Seite hin überhängt.

**6** Den Mangold zusammen mit Kapern, Sardellen, Knoblauch und Oliven vermengen. Das Ganze leicht salzen und pfeffern, dann auf der Hälfte des Teiges verteilen. Dabei einen schmalen Rand freilassen. Die überhängende Teighälfte darüberklappen und die Teigränder fest zusammendrücken. Die Teigtasche zum Schluß mit dem restlichen Öl bepinseln.

**7** Die Pizza an einem warmen Ort etwa 15 Minuten gehen lassen, dann auf der mittleren Schiene in etwa 30 Minuten goldgelb backen.

### REZEPTVARIATIONEN

- Erweitern Sie die Mangoldfüllung um 100 bis 200 g Käse Ihrer Wahl. Ob Sie einen Pecorino (Hartkäse aus Italien), einen Raclette, einen Gouda, einen Emmentaler, Mozzarella oder Gorgonzola bevorzugen, es schmeckt alles ganz prima.
- Anstelle des Mangold können Sie die gleiche Menge frischen, jungen Spinat verwenden.

### GETRÄNKETIPS

Wählen Sie nach Ihren Vorlieben einen leichten Weißwein aus Venetien, wie z. B. einen Gambellara, oder einen Rotwein aus der Toskana, wie z. B. einen Merlot, aus.

# KLASSIKER AUS ITALIEN

### PRAKTISCHER TIP

Sie können aus Teig und Füllung auch 2 bis 4 kleine Calzoni herstellen. Sie benötigen dann etwas mehr Olivenöl zum Bepinseln. Die Backzeit kann sich je nach Pizzagröße etwas verringern. Eventuell werden 2 Backbleche nötig.

# CHIZZE ALLA EMILIA

## Infoblock

- Für 4 Calzoni
- Arbeitszeit: ca. 50 Minuten
- Zeit zum Gehen: ca. 1¼ Stunden
- Backzeit: ca. 25 Minuten
- 4 Portionen
- ca. 810 kcal je Portion

## Zutaten

### Für die Füllung

300 g gehackter TK-Spinat
100 g Ricotta (Frischkäse aus Italien)
100 g geriebener Parmesan
etwas Salz
gem. schwarzer Pfeffer

### Für den Teig

500 g Weizenmehl
1 Hefewürfel (ca. 40 g)
1 TL Honig
ca. ¼ l lauwarmes Wasser
1 gestr. TL Salz

### Außerdem

8 EL Olivenöl für das Backblech und zum Bestreichen

---

**1** Den Spinat auftauen lassen. Das Mehl in eine Schüssel sieben, eine Vertiefung hineindrücken, die Hefe und den Honig zusammen mit einem Teil des Wassers verrühren und alles in die Mulde gießen. Das Ganze mit etwas Mehl bestäuben, mit einem Tuch abdecken und etwa 20 Minuten an einem warmen Ort gehen lassen.

**2** Den Spinat mit den Händen kräftig ausdrücken. Den Ricotta zusammen mit dem Spinat sowie dem Parmesan verrühren. Alles leicht salzen und pfeffern.

**3** Den Vorteig zusammen mit dem Salz sowie dem restlichen Wasser zu einem geschmeidigen Teig verkneten und in 4 Portionen teilen. Diese mit etwas Mehl bestäuben, mit einem Tuch abdecken und etwa 40 Minuten an einem warmen Ort gehen lassen.

**4** Den Backofen auf 220°C vorheizen und 2 Backbleche gut mit Öl bestreichen. Die Teigportionen auf einer bemehlten Arbeitsfläche zu ovalen Teigfladen (etwa ½ cm dick) auswellen.

**5** Die Käse-Spinat-Masse gleichmäßig auf je eine Teighälfte verteilen. Dabei einen schmalen Rand freilassen. Jeweils die nicht belegte Teighälfte darüberschlagen und die Teigränder fest zusammendrücken. Die Calzoni vorsichtig mit einem Pfannenheber auf die Bleche setzen und mit dem restlichen Öl bepinseln.

**6** Die Pizzataschen etwa 15 Minuten an einem warmen Ort gehen lassen. Die Calzoni anschließend nacheinander auf der mittleren Schiene in etwa 25 Minuten knusprig backen.

### GETRÄNKETIPS

Bierliebhabern empfehlen wir ein kühles Pils. Weinfreunde sollten einen Chianti Classico dazu probieren.

### PRAKTISCHER TIP

Die original Chizze aus der Emilia Romagna sind kleine gefüllte Teigtaschen, die in siedendem Öl knusprig fritiert werden. Wir haben die Chizze mit dem klassischen Hefeteig als Calzoni im Ofen gebacken und sind begeistert.

**KLASSIKER AUS ITALIEN**

# FOCACCIA ALLA BASILICATA

## Infoblock

- Für 1 Backblech (ca. 30 x 40 cm)
- Arbeitszeit: ca. 40 Minuten
- Garzeit: ca. 25 Minuten
- Zeit zum Gehen: ca. 1¼ Stunden
- Backzeit: ca. 35 Minuten
- 6 Portionen
- ca. 490 kcal je Portion

## Zutaten

### Für den Teig

200 g festkochende Kartoffeln
1 gestr. EL Salz
600 g Weizenmehl
1 Hefewürfel (ca. 40 g)
1 Prise Zucker
ca. ¼ l lauwarmes Wasser
1 EL Olivenöl
1 TL getrockneter Oregano

### Außerdem

4-5 EL Olivenöl für das Backblech und zum Beträufeln
1 EL frisch gehackter Thymian zum Bestreuen

### GETRÄNKETIPS

Wir empfehlen einen fruchtigen, roten Landwein oder ein Pils dazu.

---

**1** Die Kartoffeln waschen, mit der Schale in reichlich Salzwasser garen, abgießen, kurz abkühlen lassen, pellen und mit einem Kartoffelstampfer zermusen.

**2** Das Mehl in eine Schüssel sieben, die Kartoffelmasse daruntermengen und in die Mitte eine Vertiefung hineindrücken. Die Hefe hineinbröseln, den Zucker dazugeben, beides mit der Hälfte des Wassers verrühren und mit etwas Mehl bestäuben. Das Ganze mit einem Tuch abdecken und an einem warmen Ort etwa 20 Minuten gehen lassen.

**3** Den Backofen auf 200°C vorheizen und 1 Backblech mit etwa 1 Eßlöffel Öl bestreichen. Den Vorteig zusammen mit dem Salz, dem Öl, dem restlichen Wasser und dem Oregano zu einem geschmeidigen Teig verkneten. Mit etwas Mehl bestäuben, mit einem Tuch abdecken und an einem warmen Ort etwa 40 Minuten gehen lassen.

**4** Den Teig auf einer bemehlten Arbeitsfläche nochmals etwa 5 Minuten durchkneten, auswellen, auf das Blech setzen, mit einer Gabel mehrmals einstechen, mit einem Tuch abdecken und an einem warmen Ort etwa 15 Minuten gehen lassen.

**5** Das Ganze auf der mittleren Schiene etwa 35 Minuten backen. Die Focaccia kurz vor Ende der Backzeit mit dem Thymian bestreuen und mit dem restlichen Öl beträufeln.

### REZEPTVARIATION

Anstelle des Oreganos können auch andere frisch gehackte oder getrocknete Kräuter, wie Basilikum, Thymian, Rosmarin oder Salbei, unter den Teig geknetet werden. Gleiches gilt für das Bestreuen der Focaccia.

### BEILAGENTIPS

- Zur Focaccia aus Kartoffelteig passen Knoblauchmayonnaise, grüne und schwarze Oliven, gebratene Auberginen und Zucchini.
- Die Focaccia selbst ist eine ideale Beilage zu Gemüsegerichten oder zu Salattellern. Die angegebene Menge reicht dann für 6 bis 8 Personen.

### PRAKTISCHE TIPS

- Eine Focaccia ist eine Mischung aus Pizza und Fladenbrot. Sie dient als Brotbeilage oder als kleine Mahlzeit zwischendurch.
- Manchmal wird sie auch wie ein Brötchen aufgeschnitten, mit Mortadella, Schinken und Käse belegt, wieder zusammengesetzt und warm (im Backofen kurz aufwärmen) oder kalt als eine Art Sandwich verzehrt.

**KLASSIKER AUS ITALIEN**

# PIZZA PANE

### Infoblock

- Für 4 runde Pizzabrote (ca. 20 cm ø)
- Arbeitszeit: ca. 30 Minuten
- Zeit zum Gehen: ca. 1¼ Stunden
- Backzeit: ca. 25 Minuten
- 6-8 Portionen
- ca. 360 kcal je Portion

### Zutaten

#### Für den Teig

500 g Weizenmehl
1 Hefewürfel (ca. 40 g)
gut ¼ l lauwarmes Wasser
1 Prise Zucker
1 gestr. TL Salz

#### Außerdem

ca. 6 EL Olivenöl
etwas Salz
1 EL getrockneter Oregano oder getrocknete italienische Kräuter zum Bestreuen

---

**1** Das Mehl in eine Schüssel sieben und eine Vertiefung hineindrücken. Die Hefe in das Wasser bröseln, den Zucker dazugeben, alles miteinander verrühren und in die Mulde gießen. Das Ganze mit etwas Mehl bestäuben, mit einem Tuch abdecken und an einem warmen Ort etwa 20 Minuten gehen lassen.

**2** Den Vorteig zusammen mit dem Salz zu einem glatten Teig verkneten. Diesen in 4 Portionen teilen, jede nochmals durchkneten, mit etwas Mehl bestäuben, mit einem Tuch abdecken und an einem warmen Ort etwa 40 Minuten gehen lassen. Den Backofen auf 220°C vorheizen und 2 Backbleche mit Öl bestreichen.

**3** Die Teigportionen auf einer bemehlten Arbeitsfläche nochmals durchkneten, etwa ½ cm dick zu runden Teigstücken (ca. 20 cm ø) auswellen, auf die Bleche setzen und die Teigränder etwas hochziehen.

**4** Die Pizzabrote mit einer Gabel mehrmals einstechen, mit reichlich Öl bestreichen, nach Belieben salzen und mit Oregano oder italienischen Kräutern bestreuen, mit einem Tuch abdecken und an einem warmen Ort etwa 15 Minuten gehen lassen.

**5** Mit einem Messer Portionsstücke in die Fladen einritzen. Die Backbleche nacheinander in den Ofen schieben (mittlere Schiene) und die Pizzabrote jeweils in etwa 25 Minuten knusprig backen.

### REZEPTVARIATIONEN

- Variieren Sie das Pizzabrot nach Ihren Geschmacksvorlieben, indem Sie es mit anderen Kräutern, z. B. Thymian oder Rosmarin, bestreuen.
- Das Pizza pane wird noch intensiver, wenn Sie 1 bis 2 Eßlöffel frisch gehackte Kräuter, wie Rosmarin, Oregano, Thymian oder Salbei, mit unter den Teig kneten.
- Knoblauchfans sollten den Brotfladen vor dem Backen mit einer Mischung aus dem Olivenöl und etwa 4 Eßlöffeln Tomatenmark bestreichen, und mit fein gehacktem Knoblauch nach Belieben bestreuen.

### BEILAGENTIPS

Pizzabrot dient selbst als Beilage zu Vorspeisen (Antipasti), zu Salattellern, zu Gemüsegerichten, zu Saucen- sowie Grillgerichten, zu Suppen oder zu einem kalten Buffet.

## KLASSIKER AUS ITALIEN

### GETRÄNKETIPS

◆ Wählen Sie ganz nach Belieben Weizenbier, roten oder weißen Wein aus.

◆ Oder wie wäre es mit einer Sangria? Dazu 2 Liter gut gekühlten, lieblichen Rotwein mit einem Schuß Maraschino oder Cointreau aufgießen. Etwa 500 g frische Früchte der Saison, wie z. B. Erdbeeren, Weintrauben, Bananen, Birnen, Äpfel oder Aprikosen entsprechend putzen, waschen, schälen und entkernen, dann kleinschneiden und zum Wein geben. Die Menge reicht für etwa 6 Personen. Verwenden Sie nur ganz reifes Obst.

# CABANOSSI-CHAMPIGNON-PIZZA

### Infoblock

- Für 4 runde Pizzen (ca. 20 cm ø)
- Arbeitszeit: ca. 50 Minuten
- Zeit zum Gehen: ca. 60 Minuten
- Backzeit: ca. 25 Minuten
- 4 Portionen
- ca. 1130 kcal je Portion

### Zutaten

#### Für den Teig

400 g Weizenmehl
1 Hefewürfel (ca. 40 g)
1 Prise Zucker
ca. 200 ml lauwarmes Wasser
1 EL Olivenöl
1 gestr. TL Salz
grob gem. schwarzer Pfeffer
etwas Olivenöl für das Backblech

#### Für den Belag

4 Knoblauchzehen
1 mittelgroße Zwiebel
1 große, rote Paprikaschote
1 frische, rote Chilischote
300 g frische Champignons
300 g Cabanossiwurst
400 g geschälte Dosentomaten (1 kleine Dose)
etwas Salz
1 Prise Cayennepfeffer
gem. schwarzer Pfeffer
250 g geriebener Cheddar

**1** Das Mehl in eine Schüssel sieben, eine Mulde hineindrücken, die Hefe hineinbröckeln, den Zucker dazugeben und beides mit dem Großteil des Wassers verrühren. Das Ganze mit etwas Mehl bestäuben, mit einem Tuch abdecken und an einem warmen Ort etwa 20 Minuten gehen lassen.

**2** Den Knoblauch und die Zwiebel schälen und beides fein hacken. Die Paprikaschote waschen, trockenreiben, vierteln, entkernen und kleinwürfeln. Die Chilischote putzen, der Länge nach halbieren, von den Kernen befreien und fein hacken. Das vorbereitete Gemüse miteinander vermengen.

**3** Den Vorteig zusammen mit dem restlichen Wasser, dem Öl, dem Salz und einer großen Prise Pfeffer zu einem geschmeidigen Teig verkneten. Diesen mit etwas Mehl bestäuben, mit einem Tuch abdecken und an einem warmen Ort etwa 40 Minuten gehen lassen.

**4** Die Pilze mit einem feuchten Tuch abreiben und feinblättrig schneiden. Die Wurst von der Pelle befreien und in möglichst dünne Scheiben schneiden. Den Backofen auf 220°C vorheizen und 2 Backbleche mit Öl bepinseln.

**5** Den Hefeteig auf einer bemehlten Arbeitsfläche rund (viermal etwa 20 cm ø) auswellen, auf 2 Backbleche legen, die Teigränder etwas hochziehen und den Teigboden mit einer Gabel mehrmals einstechen.

**6** Die Tomaten kleinschneiden und zusammen mit dem Großteil des Tomatensafts auf dem Teig verteilen. Zuerst die Gemüsemischung und dann die Champignons darübergeben. Alles leicht salzen und pfeffern. Die Cabanossischeiben darauf legen, alles nochmals leicht salzen und pfeffern, dann mit dem Käse bestreuen.

**7** Die Pizzen auf der mittleren Schiene in 25 bis 30 Minuten knusprig backen. Die beiden Bleche nacheinander abbacken.

### BEILAGENTIP

**Zu dieser feurigen Pizza einen Bohnensalat (z. B. Kidney oder weiße Bohnen) mit viel Zwiebeln oder mit reichlich Knoblauch servieren.**

### GETRÄNKETIPS

- **Reichlich kühles Bier und Hefeweißbier „zum Löschen" servieren.**
- **Ein kräftiger Rotwein, wie z. B. ein Barolo, und eine Flasche stilles Mineralwasser passen genauso gut.**

## BUNTE PIZZAVARIATIONEN

### PRAKTISCHE TIPS

◆ Die Schärfe ist eine sehr individuelle Angelegenheit. Nehmen Sie also nach Belieben 1 oder 2 Chilischoten mehr oder noch 4 Knoblauchzehen dazu.

◆ Sollten Sie keine frischen Chilischoten haben, so können Sie auch 1 bis 2 getrocknete Schoten im Mörser fein zerstoßen und auf die Pizza streuen. Und schließlich tut es auch Chilipulver.

45

# KÄSE-WURST-PIZZA

## Infoblock

- Für 1 Backblech (ca. 30 x 40 cm)
- Arbeitszeit: ca. 50 Minuten
- Zeit zum Kühlen: ca. 60 Minuten
- Backzeit: 35 bis 40 Minuten
- 4 Portionen
- ca. 1650 kcal je Portion

## Zutaten

### Für den Teig

400 g Weizenvollkornmehl
½ Päckchen Backpulver
250 g zimmerwarme Butterflöckchen
1 frisches Ei
1 gestr. TL Salz
3 EL saure Sahne
50 g geriebener, junger Gouda
etwas Olivenöl für das Backblech

### Für den Belag

gut 500 g reife Tomaten
300 g feste Mettwurst in Scheiben ersatzweise milde Salami
250 g Mozzarella
5 EL Olivenöl
etwas Salz
gem. schwarzer Pfeffer
1 EL frisch gehackter Oregano
8 eingelegte, milde Peperoni

**1** Mehl und Backpulver mischen und auf eine Arbeitsplatte geben. Das Ganze zusammen mit der Butter, dem Ei, dem Salz, der Sahne und dem Gouda rasch zu einem glatten Teig verkneten. Diesen in Klarsichtfolie einwickeln und für etwa 60 Minuten in den Kühlschrank legen.

**2** Die Tomaten kreuzweise einritzen, von den Stielansätzen befreien, in kochendem Wasser kurz überbrühen, kalt abschrecken, enthäuten und in dünne Scheiben schneiden.

**3** Die Mettwurst in schmale Streifen schneiden. Den Mozzarella in Scheiben schneiden. Den Backofen auf 200°C vorheizen und 1 Backblech mit Öl bepinseln.

**4** Den Teig auf einer bemehlten Arbeitsfläche auf Backblechgröße auswellen, auf das Blech heben, zurechtdrücken, die Teigränder etwas hochziehen und den Boden mit einer Gabel mehrmals einstechen.

**5** Den Teig mit etwa 3 Eßlöffeln Öl bepinseln, die Tomatenscheiben darauf legen, alles leicht salzen, pfeffern und mit dem Oregano bestreuen. Die Wurststreifen und die Peperoni darauf verteilen. Zuletzt den Mozzarella darauf legen und das Ganze mit dem restlichen Öl beträufeln.

**6** Die Pizza auf der mittleren Schiene in 35 bis 40 Minuten knusprig backen, herausnehmen und vor dem Anschneiden einige Minuten ruhen lassen.

### REZEPTVARIATIONEN

- Wählen Sie für diese Pizza einfach Ihre Lieblingswurst und Ihren Lieblingskäse aus.
- Was den Teig betrifft, so können Sie auch einen klassischen Hefeteig (z. B. Rezept „Pizza Margherita", S. 10) oder einen Quark-Öl-Teig (z. B. Rezept „Champignon-Lauch-Pizza", S. 116) nehmen.

### GETRÄNKETIP

Zu Wurst und Käse schmeckt immer ein gut gekühltes Bier. Ob Pils, Export, Hefe- oder Kristallweizenbier, wählen Sie nach Ihren Vorlieben. Oder mischen Sie sich ein Radler aus Pils und Zitronenlimonade.

# BUNTE PIZZAVARIATIONEN

# KASSELER-SALAMI-PIZZA

## Infoblock

◆ Für 1 Backblech
  (ca. 30 x 40 cm) oder
  4 runde Pizzen (ca. 20 cm ø)
◆ Arbeitszeit: ca. 40 Minuten
◆ Zeit zum Gehen:
  ca. 60 Minuten
◆ Backzeit: ca. 25 Minuten
◆ 4 Portionen
◆ ca. 1330 kcal je Portion

## Zutaten

### Für den Teig

450 g Weizenmehl
300 g Vollmilchjoghurt
1 Hefewürfel (ca. 40 g)
1 Prise Zucker
4 EL Olivenöl, 1 gestr. TL Salz
etwas weiche Butter für das Backblech

### Für den Belag

200 g Emmentaler
150 g milde Salami in Scheiben
200 g gekochtes Kasseler in Scheiben
1 Ecke Schmelzkäse (ca. 62 g)
150 g süße Sahne
4 EL würziges Tomatenketchup
etwas Salz
frisch gem. weißer Pfeffer
getrocknete Kräuter der Provence nach Belieben
2 EL Butterflöckchen

---

**1** Das Mehl in eine Schüssel sieben und eine Mulde hineindrücken. Den Joghurt unter Rühren ganz leicht erwärmen, die Hefe hineinbröckeln, den Zucker dazugeben, alles verrühren, in die Mehlmulde gießen, mit Mehl etwas bestäuben, mit einem Tuch abdecken und an einem warmen Ort etwa 20 Minuten gehen lassen.

**2** Den Emmentaler in dünne Streifen schneiden. Die Salami- sowie die Kasselerscheiben je nach Größe halbieren oder vierteln. Den Schmelzkäse kleinschneiden und zusammen mit der Sahne verrühren.

**3** Den Vorteig zusammen mit dem Öl sowie dem Salz zu einem geschmeidigen Teig verkneten. Diesen mit etwas Mehl bestäuben, mit einem Tuch abdecken und an einem warmen Ort etwa 40 Minuten gehen lassen.

**4** Den Backofen auf 220°C vorheizen und 1 oder 2 Backbleche mit Butter einfetten. Den Teig auf einer bemehlten Arbeitsfläche rund (viermal etwa 20 cm ø) oder eckig (Backblechgröße) auswellen, auf 1 bis 2 Backbleche legen, die Teigränder etwas hochziehen und den Teigboden mit einer Gabel mehrmals einstechen.

**5** Den Teig mit dem Tomatenketchup bestreichen, mit Salami- sowie Kasselerscheiben belegen, leicht salzen, pfeffern und mit den getrockneten Kräutern bestreuen. Die Käsestreifen darauf verteilen. Die Käse-Sahne-Mischung löffelweise darübergeben und die Butterflöckchen darauf setzen.

**6** Die Pizza auf der mittleren Schiene in etwa 25 Minuten knusprig backen. Bei 4 runden Pizzen die beiden Bleche nacheinander abbacken.

### REZEPTVARIATIONEN

◆ Statt des Joghurt-Hefe-Teiges können Sie auch einen klassischen Hefeteig (z. B. Rezept „Pizza Margherita", S. 10) zubereiten.
◆ Der Pizzabelag läßt sich individuell variieren oder erweitern. So bieten sich z. B. Paprikastreifen, Peperoni, Artischockenherzen, Oliven, Zwiebelringe oder Champignonköpfe an.

### BEILAGENTIP

Zu dieser Pizza paßt ein bunter Paprikasalat mit einer kräftigen Essig-Öl-Marinade.

### GETRÄNKETIPS

◆ Servieren Sie zu dieser deftigen Pizza Kristall- oder Hefeweißbier.
◆ Für Kinder diverse Fruchtsäfte sowie Mineralwasser bereithalten.

## BUNTE PIZZAVARIATIONEN

# BOHNEN-SPECK-PIZZA

## Infoblock

- Für 1 Backblech (ca. 30 x 40 cm)
- Arbeitszeit: ca. 60 Minuten
- Garzeit: ca. 5 Minuten
- Backzeit: ca. 25 Minuten
- 4 Portionen
- ca. 1260 kcal je Portion

## Zutaten

### Für den Teig

150 g Magerquark
6 EL Milch
7 EL Sonnenblumenöl
1 gestr. TL Salz
350 g Vollkornmehl
1 Päckchen Backpulver
etwas Olivenöl für das Backblech

### Für den Belag

1 mittelgroße Stange Lauch
150 g magerer, geräucherter Schinkenspeck ohne Schwarte
ca. 255 g Kidney Bohnen (1 kleine Dose)
5 EL Olivenöl
200 g Tomatenfertigsauce (z. B. Zwiebel-Knoblauch-Geschmack)
300 g geriebener Gouda
etwas Salz
gem. schwarzer Pfeffer
je 1 große Prise edelsüßes und rosenscharfes Paprikapulver

---

**1** In einer Schüssel den Magerquark zusammen mit der Milch, dem Öl, dem Salz und etwa der Hälfte des Mehls verrühren. Das restliche Mehl zusammen mit dem Backpulver mischen und alles rasch unter den Teig kneten.

**2** Die Lauchstange der Länge nach halbieren und zwischen den Blattschichten gründlich waschen. Die Hälften quer in feine Streifen schneiden. Den Schinkenspeck kleinwürfeln. Die Bohnen in ein Sieb geben, abspülen und gut abtropfen lassen. Den Backofen auf 220°C vorheizen und 1 Backblech mit Öl bepinseln.

**3** In einer Pfanne etwa 2 Eßlöffel Öl erhitzen. Den Schinkenspeck sowie die Lauchstreifen darin etwa 5 Minuten dünsten und das Ganze beiseite stellen.

**4** Den Teig auf einer bemehlten Arbeitsfläche auf Backblechgröße auswellen, auf das Blech legen, zurechtrücken und die Teigränder etwas hochziehen. Den Boden gleichmäßig mit der Tomatensauce bestreichen und ein Drittel des Goudas darüberstreuen.

**5** Die Lauch-Speck-Mischung auf dem Pizzaboden verteilen, die Bohnen darübergeben, alles salzen, pfeffern und mit dem Paprikapulver würzen. Den restlichen Käse darüberstreuen und das Ganze mit dem restlichen Öl beträufeln.

**6** Die Pizza auf der mittleren Schiene des Ofens in etwa 25 Minuten goldgelb backen.

## REZEPTVARIATIONEN

Der Belag ist beliebig veränderbar. Statt Schinkenspeck können Sie Kochschinken oder Hackfleisch nehmen. Anstatt Lauch sind Gemüsezwiebeln, Schalotten oder Frühlingszwiebeln denkbar. Die Bohnen können durch Maiskörner ausgetauscht werden.

## BEILAGENTIP

Zur herzhaften Pizza paßt ein bunter Paprikasalat mit einer kräftig abgeschmeckten Essig-Öl-Marinade.

## GETRÄNKETIPS

- Als Aperitif sollten Sie eine Gurkenbowle servieren. Dazu 1 feste Salatgurke waschen, trockenreiben, in dünne Scheiben schneiden und diese in ein Bowlengefäß geben. Darüber eine Lage Eiswürfel und 1 Eßlöffel Zucker verteilen. Das Ganze etwa 20 Minuten ziehen lassen, dann mit 1 Liter gekühltem, trockenem Weißwein und 1 Flasche kaltem, trockenem Sekt aufgießen. Die Bowle sofort servieren.
- Gekühltes, herbes Pils oder zimmerwarmer, trockener Rotwein bieten sich zur Pizza an.

**BUNTE PIZZAVARIATIONEN**

# HACKFLEISCH-MAIS-PIZZA

### Infoblock

- **Für 1 Backblech (ca. 30 x 40 cm) oder 4 runde Pizzen (ca. 20 cm ø)**
- **Arbeitszeit: ca. 50 Minuten**
- **Zeit zum Gehen: ca. 60 Minuten**
- **Garzeit: ca. 5 Minuten**
- **Backzeit: ca. 25 Minuten**
- **4 Portionen**
- **ca. 1050 kcal je Portion**

### Zutaten

#### Für den Teig

400 g Weizenmehl
1 Hefewürfel (ca. 40 g)
1 Prise Zucker
ca. 200 ml lauwarmes Wasser
1 gestr. TL Salz
etwas Olivenöl für das Backblech

#### Für den Belag

500 g reife Tomaten
1 große Zwiebel
ca. 80 g Maiskörner
3 EL Olivenöl
300 g Rinderhackfleisch
100 g mittelscharfe Salami in hauchdünnen Scheiben
etwas Salz
gem. schwarzer Pfeffer
1 große Prise rosenscharfes Paprikapulver
250 g geriebener Gouda

**1** Das Mehl in eine Schüssel sieben, eine Mulde hineindrücken, die Hefe hineinbröckeln, den Zucker dazugeben und beides mit einem Teil des Wassers verrühren. Das Ganze mit etwas Mehl bestäuben, mit einem Tuch abdecken und an einem warmen Ort etwa 20 Minuten gehen lassen.

**2** Die Tomaten kreuzweise einritzen, von den Stielansätzen befreien, in kochendem Wasser kurz überbrühen, kalt abschrecken, enthäuten und kleinwürfeln. Die Zwiebel schälen und fein hacken. Den Mais abtropfen lassen.

**3** Den Vorteig zusammen mit dem restlichen Wasser und dem Salz zu einem geschmeidigen Teig verkneten. Diesen mit etwas Mehl bestäuben, mit einem Tuch abdecken und an einem warmen Ort etwa 40 Minuten gehen lassen.

**4** Das Öl in einer Pfanne erhitzen. Die Zwiebelwürfel sowie das Hackfleisch darin unter Rühren in einigen Minuten krümelig braten, alles salzen und pfeffern, zusammen mit den Tomatenwürfeln und den Maiskörnern vermengen und alles beiseite stellen.

**5** Den Backofen auf 220°C vorheizen, 1 oder 2 Backbleche mit Öl bepinseln. Den Teig auf einer bemehlten Arbeitsfläche rund (viermal etwa 20 cm ø) oder eckig (Backblechgröße) auswellen, auf 1 bzw. 2 Backbleche legen, die Teigränder etwas hochziehen und den Teigboden mit einer Gabel mehrmals einstechen.

**6** Die Hackfleischmasse auf dem Teig verteilen, die Salamischeiben darauf geben, das Ganze nochmals leicht salzen, pfeffern und mit dem Paprikapulver würzen. Zum Schluß den Käse darüberstreuen.

**7** Die Pizza auf der mittleren Schiene in etwa 25 Minuten knusprig backen. Bei 4 runden Pizzen die beiden Bleche nacheinander abbacken.

### REZEPTVARIATIONEN

**Der Pizzabelag läßt sich nach Lust und Laune variieren oder ergänzen. Oliven, Peperoni, Paprikastreifen, Silberzwiebeln, Schafskäse oder Mozzarella sind einige von vielen Möglichkeiten.**

### BEILAGENTIPS

**Zur herzhaften Pizza paßt ein Tomaten-, ein Gurken- oder ein bunter Paprikasalat mit einer würzigen Essig-Öl-Marinade.**

# BUNTE PIZZAVARIATIONEN

### GETRÄNKETIP

Ein gut gekühlter Roséwein, vielleicht aus Frankreich, wäre eine gute Alternative zum gewohnten Pils oder zu einem Mineralwasser.

# PIZZA MIT ALLEM

## Infoblock

- **Für 1 Backblech (ca. 30 x 40 cm)**
- **Arbeitszeit: ca. 60 Minuten**
- **Zeit zum Gehen: ca. 60 Minuten**
- **Backzeit: ca. 30 Minuten**
- **4 Portionen**
- **ca. 1160 kcal je Portion**

### Zutaten

#### Für den Teig

450 g Weizenmehl
1 Hefewürfel (ca. 40 g)
1 Prise Zucker
knapp ¼ l lauwarmes Wasser
1 gestr. TL Salz
1 EL getrockneter Oregano
etwas Olivenöl für das Backblech

#### Für den Belag

500 g reife Tomaten
1 mittelgroße Zwiebel
2 Knoblauchzehen, Salz
gem. schwarzer Pfeffer
150 g milde Salami in dünnen Scheiben
ca. 200 g Champignonköpfe
4 eingelegte Anchovisfilets
5 EL Olivenöl
6 eingelegte, milde Peperoni
100 g Oliven nach Belieben
1 EL getr. italienische Kräuter
je 150 g Esrom und Chester

---

**1** Das Mehl in eine Schüssel sieben, eine Vertiefung hineindrücken, die Hefe hineinbröseln, den Zucker dazugeben und beides mit etwa der Hälfte des Wassers verrühren. Das Ganze mit etwas Mehl bestäuben, mit einem Tuch abdecken und an einem warmen Ort etwa 20 Minuten gehen lassen.

**2** Die Tomaten kreuzweise einritzen, von den Stielansätzen befreien, in kochendem Wasser kurz überbrühen, kalt abschrecken, enthäuten und in dünne Scheiben schneiden. Die Zwiebel schälen, halbieren und in dünne Streifen schneiden. Den Knoblauch schälen und fein hacken.

**3** Den Vorteig zusammen mit dem restlichen Wasser, dem Salz und dem Oregano zu einem geschmeidigen Teig verkneten. Diesen mit etwas Mehl bestäuben, mit einem Tuch abdecken und an einem warmen Ort etwa 40 Minuten gehen lassen.

**4** Große Salamischeiben und größere Champignonköpfe nach Belieben halbieren. Die Anchovisfilets abtropfen lassen und dann quer in kleine Stücke schneiden.

**5** Den Backofen auf 220°C vorheizen, 1 oder 2 Backbleche mit Öl bepinseln. Den Teig auf einer bemehlten Arbeitsfläche rund (viermal etwa 20 cm ø) eckig (Backblechgröße) auswellen, auf 1 bzw. 2 Backbleche legen und die Teigränder etwas hochziehen.

**6** Den Teigboden mit einem Teil des Öls bepinseln, mit Zwiebeln sowie Knoblauch belegen, alles leicht salzen und pfeffern, dann Salami, Champignons, Peperoni, Anchovisfilets und Oliven darauf verteilen. Den Belag mit den Kräutern bestreuen.

**7** Die beiden Käsesorten in Streifen oder Würfel schneiden und getrennt oder gemischt auf dem Belag verteilen. Alles mit dem restlichen Öl beträufeln. Die Pizza auf der mittleren Schiene in etwa 30 Minuten knusprig backen. Bei 4 runden Pizzen die beiden Bleche nacheinander abbacken.

### GETRÄNKETIP

◆ Zu dieser würzigen Pizza sollten Sie einen zimmerwarmen Rotwein, vielleicht einen Barolo aus Italien oder einen Trollinger aus Baden-Württemberg, servieren.

## BUNTE PIZZAVARIATIONEN

### PRAKTISCHER TIP

Die Pizza mit allem ist ein Vorschlag für eine leckere Resteverwertung. Sollten Sie nach einer Party oder kurz vor dem Urlaub noch so allerlei im Kühlschrank haben, scheuen Sie sich nicht, kreativ zu sein. Der Hefeteig ist schnell gemacht. Die restlichen Lebensmittel werden bunt gemischt darauf verteilt – ab in den Ofen und fertig ist eine leckere Pizza.

# SCHINKEN-ANANAS-PIZZA

## Infoblock

- Für 1 Backblech (ca. 30 x 40 cm) oder 4 runde Pizzen (ca. 20 cm ø)
- Arbeitszeit: ca. 40 Minuten
- Zeit zum Gehen: ca. 60 Minuten
- Backzeit: ca. 25 Minuten
- 4 Portionen
- ca. 920 kcal je Portion

## Zutaten

### Für den Teig

400 g Weizenmehl
1 Hefewürfel (ca. 40 g)
1 Prise Zucker
knapp 200 ml lauwarmes Wasser
50 g geriebener Gouda
knapp 1 TL Salz
Olivenöl für das Backblech

### Für den Belag

300 g frische Champignons
250 g dünn geschnittener Kochschinken
280 g Ananasstücke
1 grüne Paprikaschote
250 g Mozzarella
200 g Tomatenfertigsauce (z. B. Kräutergeschmack)
etwas Salz
gem. schwarzer Pfeffer
1 TL getrockneter Oregano
3 EL Olivenöl

---

**1** Das Mehl in eine Schüssel sieben, eine Mulde hineindrücken, die Hefe hineinbröckeln, den Zucker dazugeben und beides mit dem Großteil des Wassers verrühren. Das Ganze mit etwas Mehl bestäuben, mit einem Tuch abdecken und an einem warmen Ort etwa 20 Minuten gehen lassen.

**2** Die Champignons mit einem feuchten Tuch abreiben und feinblättrig schneiden. Die Schinkenscheiben halbieren oder vierteln. Die Ananasstücke gut abtropfen lassen.

**3** Den Vorteig zusammen mit dem restlichen Wasser, dem Gouda und dem Salz zu einem geschmeidigen Teig verkneten. Diesen mit etwas Mehl bestäuben, mit einem Tuch abdecken und an einem warmen Ort etwa 40 Minuten gehen lassen.

**4** Die Paprikaschote waschen, trockenreiben, vierteln, entkernen und quer in dünne Streifen schneiden. Den Backofen auf 220°C vorheizen und 1 oder 2 Backbleche mit Öl bepinseln. Den Mozzarella der Länge nach halbieren und dann quer in dünne Scheiben schneiden.

**5** Den Teig auf einer bemehlten Arbeitsfläche rund (viermal etwa 20 cm ø) oder eckig (Backblechgröße) auswellen, auf 1 bzw. 2 Backbleche legen, die Teigränder etwas hochziehen und den Teigboden mit einer Gabel mehrmals einstechen. Alles gleichmäßig mit der Tomatensauce bestreichen.

**6** Die Champignons, die Paprikastreifen, die Schinkenscheiben und die Ananasecken auf dem Pizzaboden verteilen. Alles leicht salzen, pfeffern und mit Oregano bestreuen. Den Mozzarella darübergeben und das Ganze mit dem Öl beträufeln.

**7** Die Pizza auf der mittleren Schiene in etwa 25 Minuten knusprig backen. Bei 4 runden Pizzen die beiden Bleche nacheinander abbacken.

## GETRÄNKETIP

◆ Als Aperitif eine Piña Colada mit einem großen Ananasfruchtspieß servieren. Dazu pro Person 4 cl weißen Rum, je 5 cl Kokosnußcreme und Ananassaft sowie 1 Schuß süße Sahne zusammen mit einigen Eiswürfeln in einen Shaker geben, alles kräftig schütteln und in ein Longdrinkglas gießen. Den Drink mit einem Fruchtspieß servieren.

## BUNTE PIZZAVARIATIONEN

### REZEPTVARIATION

Anstelle der Dosenananas können Sie auch etwa 300 g vollreifes, frisches Ananasfruchtfleisch verwenden. Dieses schälen, in Scheiben schneiden, vom Strunk befreien und in Stückchen zerteilen.

# HÜHNCHENPIZZA

## Infoblock

- Für 1 Backblech (ca. 30 x 40 cm) oder 4 runde Pizzen (ca. 20 cm ø)
- Arbeitszeit: ca. 40 Minuten
- Zeit zum Gehen: ca. 60 Minuten
- Backzeit: ca. 25 Minuten
- 4 Portionen
- ca. 1000 kcal je Portion

## Zutaten

### Für den Teig

400 g Weizenmehl
1 Hefewürfel (ca. 40 g)
1 Prise Zucker
knapp 200 ml lauwarmes Wasser
1 EL Knoblauchöl, ersatzweise Olivenöl, 1 gestr. TL Salz
Olivenöl für das Backblech

### Für den Belag

400 g rosagebratenes Hühnchenbrustfilet
1 kleine Stange Lauch
200 g frische Sojabohnensprossen aus der Kühltruhe
125 g Mascarpone
5 EL Olivenöl
½ TL Currypulver
etwas Salz
gem. schwarzer Pfeffer
½ TL Kreuzkümmelpulver
200 g geriebener Gouda

**1** Das Mehl in eine Schüssel sieben, eine Mulde hineindrücken, die Hefe hineinbröckeln, den Zucker dazugeben und beides mit dem Großteil des Wassers verrühren. Das Ganze mit etwas Mehl bestäuben, mit einem Tuch abdecken und an einem warmen Ort etwa 20 Minuten gehen lassen.

**2** Das Hühnchenfleisch in dünne Scheiben schneiden. Den Lauch der Länge nach halbieren und zwischen den Blattschichten gründlich waschen. Die Lauchhälften quer in hauchdünne Streifen schneiden.

**3** Den Vorteig zusammen mit dem restlichen Wasser, dem Öl und dem Salz zu einem geschmeidigen Teig verkneten. Diesen mit etwas Mehl bestäuben, mit einem Tuch abdecken und an einem warmen Ort etwa 40 Minuten gehen lassen.

**4** Die Sojabohnensprossen in ein Sieb geben, gründlich abspülen und sehr gut abtropfen lassen. Den Backofen auf 220°C vorheizen und 1 oder 2 Backbleche mit Öl bepinseln. Den Mascarpone zusammen mit 2 Eßlöffeln Öl und dem Curry verrühren.

**5** Den Teig auf einer bemehlten Arbeitsfläche rund (viermal etwa 20 cm ø) oder eckig (Backblechgröße) auswellen, auf 1 oder 2 Backbleche legen, die Teigränder etwas hochziehen, den Pizzaboden mit einer Gabel mehrmals einstechen und mit der Mascarponecreme bestreichen.

**6** Die Hühnchenscheiben und die Lauchstreifen sowie die Bohnensprossen auf dem Teig verteilen. Das Ganze salzen und pfeffern, mit dem Kreuzkümmel bestreuen und den Käse darübergeben.

**7** Die Pizza auf der mittleren Schiene in etwa 25 Minuten knusprig backen. Bei 4 runden Pizzen die beiden Bleche nacheinander abbacken.

## REZEPTVARIATIONEN

- Statt Hefeteig paßt auch gut ein Quark-Öl-Teig (z. B. Rezept „Champignon-Lauch-Pizza", S. 116).
- Anstatt Mascarpone können Sie auch etwa 4 Eßlöffel Tomatenmark zusammen mit dem Olivenöl verrühren und diese Paste auf den Teigboden streichen.

## GETRÄNKETIPS

- Als Aperitif ein Gläschen gekühlten Lycheewein mit einer frischen Lychee am Spieß servieren.
- Zum Essen paßt eine Tasse Jasmintee.
- Zum Dessert paßt ein Gläschen warmer Pflaumenwein.

## BUNTE PIZZAVARIATIONEN

### BEILAGENTIP

Zur feinen Pizza paßt eine frische Möhrenrohkost mit Zitronensaft-Sonnenblumenöl-Marinade. Das Ganze mit Akazienhonig abschmecken und mit frisch geriebenen Haselnüssen bestreut servieren.

# KINDERPIZZA

## Infoblock

- Für 6 runde Pizzen (ca. 15 cm ø)
- Arbeitszeit: ca. 50 Minuten
- Zeit zum Gehen: ca. 60 Minuten
- Backzeit: ca. 20 Minuten
- 6 Portionen
- ca. 530 kcal je Portion

### Zutaten

#### Für den Teig

400 g Weizenmehl
1 Hefewürfel (ca. 40 g)
1 gestr. TL Zucker
ca. 200 ml lauwarmes Wasser
1 gestr. TL Salz
1 EL Olivenöl

#### Für den Belag

2-3 kleine, grüne Paprikaschoten
½ große, rote Paprikaschote
6 grüne, paprikagefüllte Oliven
ca. 100 g milde Salami am Stück
ca. 400 g Pizzatomaten (1 kleine Dose)
etwas Salz
100 g geriebener Gouda
ca. 4 EL Olivenöl

#### Außerdem

etwas Olivenöl für die Backbleche

---

**1** Das Mehl in eine Schüssel sieben, eine Vertiefung hineindrücken, die Hefe hineinbröckeln, den Zucker dazugeben, und beides mit der Hälfte des Wassers verrühren. Das Ganze mit etwas Mehl bestäuben, mit einem Tuch abdecken und an einem warmen Ort etwa 20 Minuten gehen lassen.

**2** Die Paprikaschoten waschen, trockenreiben, vierteln und entkernen. Die grünen Paprikaviertel quer in schmale Streifen schneiden. Die roten Paprikaviertel der Länge nach in etwa 1 cm dicke Streifen schneiden. Die Oliven quer halbieren. Die Salami der Länge nach in etwa 3 dicke Scheiben schneiden und diese quer in etwa ½ cm dicke Streifen schneiden.

**3** Den Vorteig zusammen mit dem Salz, dem restlichen Wasser und dem Öl zu einem geschmeidigen Teig verkneten, mit etwas Mehl bestäuben, abdecken und an einem warmen Ort etwa 40 Minuten gehen lassen.

**4** Den Backofen auf 220°C vorheizen und 2 große Backbleche mit Öl bestreichen. Die Pizzatomaten leicht salzen. Den Teig in 6 Portionen teilen und jede auf einer bemehlten Arbeitsfläche zu einem runden Fladen (ca. 15 cm ø) ausrollen. Diese auf die Bleche legen, mehrmals einstechen und die Teigränder etwas hochziehen.

**5** Die Pizzaböden gleichmäßig mit der Tomatenmasse bestreichen. Die grünen Paprikastreifen als Haare an einer Teigseite anordnen. Die halbierten Oliven als Augen, die Wurststücke als Nasen und die roten Paprikastreifen als Mund einsetzen.

**6** Die belegten Pizzen so mit dem Käse bestreuen (z. B. auf den Wangen), daß die Gesichter zu erkennen bleiben. Das Gemüse gut mit Öl bepinseln. Die beiden Backbleche nacheinander in etwa 20 Minuten abbacken.

### GETRÄNKETIP

**Bieten Sie Ihren Kindern eine bunte Bowle aus rotem Traubensaft und Mineralwasser mit frischen Früchten, wie z. B. Bananen, Erdbeeren, Weintrauben, Pfirsiche, Äpfel oder Himbeeren an. Das Obst entsprechend vorbereiten und in Stückchen schneiden.**

### PRAKTISCHE TIPS

- **Besprechen Sie mit Ihren Kindern unbedingt den Pizzabelag. Verwenden Sie nur Zutaten, die Ihren Kleinen auch schmecken. Erfahrungsgemäß wollen Kinder am liebsten Pizza mit Tomaten und Käse. Vielleicht bieten Sie in so einem Fall in Streifen geschnittenes Gemüse, bunte Gemüsespieße oder einen Salat zusätzlich an.**

# BUNTE PIZZAVARIATIONEN

◆ Lassen Sie sich beim Herstellen der Pizzagesichter helfen, dann essen Ihre Kinder hinterher sicher mit Begeisterung.

◆ Beim Würzen der Kinderpizza zurückhaltend sein.

# PIZZA MIT MEERESFRÜCHTEN

## Infoblock

- Für 4 runde Pizzen (ca. 20 cm ø)
- Arbeitszeit: ca. 40 Minuten
- Zeit zum Gehen: ca. 60 Minuten
- Backzeit: ca. 30 Minuten
- 4 Portionen
- ca. 1290 kcal je Portion

## Zutaten

### Für den Teig

450 g Weizenmehl
1 Hefewürfel (ca. 40 g)
1 Prise Zucker
ca. ⅛ l lauwarmes Wasser
6 EL Olivenöl, 1 kleines Ei
5 EL zimmerwarme Butter
1 gestr. TL Salz
Olivenöl für das Backblech

### Für den Belag

1 kleine Zwiebel
2 Knoblauchzehen
ca. 400 g geschälte Dosentomaten (1 kleine Dose)
Salz, gem. schwarzer Pfeffer
400 g gekochte, geschälte Cocktailshrimps
150 g Krebsfleisch aus der Dose
200 g Esrom in Scheiben
150 g Thunfisch in Öl
1 EL getr. italienische Kräuter
100 g geriebener Gouda
3 EL Olivenöl

---

**1** Das Mehl in eine Schüssel sieben, eine Mulde hineindrücken, die Hefe hineinbröckeln, den Zucker dazugeben und beides mit dem Wasser verrühren. Das Ganze mit etwas Mehl bestäuben, mit einem Tuch abdecken und an einem warmen Ort etwa 20 Minuten gehen lassen.

**2** Zwiebel und Knoblauch schälen. Die Zwiebel halbieren und in dünne Streifen schneiden, den Knoblauch fein hacken. Die Tomaten kleinschneiden und zusammen mit dem Tomatensaft leicht salzen und pfeffern.

**3** Den Vorteig zusammen mit Öl, Ei, Butter und Salz zu einem geschmeidigen Teig verkneten. Diesen mit etwas Mehl bestäuben, mit einem Tuch abdecken und an einem warmen Ort etwa 40 Minuten gehen lassen.

**4** Die Shrimps und das Krebsfleisch abtropfen lassen. Den Esrom in schmale Streifen schneiden. Den Backofen auf 220°C vorheizen und 1 oder 2 Backbleche mit Öl bepinseln.

**5** Den Teig auf einer bemehlten Arbeitsfläche rund (viermal etwa 20 cm ø) auswellen, auf 2 Backbleche legen und die Teigränder etwas hochziehen. Das Ganze mit der Tomatenmasse bestreichen. Zwiebelstreifen und Knoblauch darüberstreuen.

**6** Das meiste Öl vom Thunfisch abgießen und diesen in dem restlichen Öl leicht zerpflücken. Fisch, Shrimps und Krebsfleisch gleichmäßig auf dem Tomatenbelag verteilen. Alles salzen und pfeffern und mit den Kräutern bestreuen. Esrom und Gouda darauf verteilen und das Ganze mit dem Öl beträufeln.

**7** Die Pizza auf der mittleren Schiene in etwa 30 Minuten knusprig backen. Die beiden Bleche nacheinander abbacken.

## REZEPTVARIATIONEN

- Anstelle der oben angegebenen Zutaten aus dem Meer können Sie auch eine TK-Meeresfrüchtemischung (etwa 500 g) verwenden. Das Ganze nach dem Auftauen kalt abspülen und gut abtropfen lassen.
- Statt 400 g Shrimps nur etwa die Hälfte und zusätzlich etwa 200 g Muscheln (TK- oder eingelegte Ware) nehmen.
- Wenn Sie mögen, legen Sie zusätzlich einige TK-Tintenfischringe (ohne Panade) auf die Pizza.

## GETRÄNKETIP

Zu den feinen Meeresfrüchten sollten Sie einen gut gekühlten, französischen Weißwein, z. B. einen Chablis trinken.

**BUNTE PIZZAVARIATIONEN**

# GERSTENPIZZA MIT KRABBEN

## Infoblock

- Für 4 runde Pizzen (ca. 18 cm ø)
- Arbeitszeit: ca. 40 Minuten
- Zeit zum Gehen: ca. 60 Minuten
- Backzeit: ca. 45 Minuten
- 4 Portionen
- ca. 740 kcal je Portion

## Zutaten

### Für den Teig

200 g Gerstenflocken
300 ml kochendes Wasser
300 g Weizenmehl
3 EL lauwarme Milch
1 EL Ahornsirup
1 Hefewürfel (ca. 40 g)
1 gestr. TL Salz
3 EL Olivenöl für das Backblech und die Teigränder

### Für den Belag

250 g frische Champignons
300 g gekochte, geschälte TK-Krabben
je 50 g Silberzwiebeln aus dem Glas und Kräuteroliven ohne Stein
250 g Tomatenfertigsauce (Geschmacksrichtung „Kräuter" oder „Champignon")
etwas Salz
gem. schwarzer Pfeffer
ca. 75 g alter Gouda

---

**1** Die Gerstenflocken mit dem kochenden Wasser begießen, alles umrühren und abkühlen lassen. Das Mehl in eine Schüssel sieben und zusammen mit dem Gerstenbrei leicht verkneten. Eine Vertiefung hineindrücken.

**2** Milch, Sirup sowie zerbröckelte Hefe in die Mulde geben, alles verrühren und mit etwas Mehl bestäuben. Das Ganze mit einem Tuch abdecken und an einem warmen Ort etwa 20 Minuten gehen lassen.

**3** Die Champignons mit einem feuchten Tuch abreiben und in nicht zu dünne Scheiben schneiden. Die Krabben gründlich abspülen, abtropfen lassen und mit Küchenkrepp trockentupfen.

**4** Den Vorteig zusammen mit dem Salz einige Minuten kräftig durchkneten, einen Teigkloß formen, mit etwas Mehl bestäuben, mit einem Tuch abdecken und an einem warmen Ort etwa 40 Minuten gehen lassen.

**5** Den Backofen auf 220°C vorheizen und 2 Backbleche mit Öl bepinseln. Den Teig auf einer bemehlten Arbeitsfläche rund (viermal etwa 18 cm ø) auswellen, auf 2 Backbleche legen und die Teigränder etwas hochziehen. Das Ganze dann mehrmals mit einer Gabel einstechen.

**6** Die Silberzwiebeln abtropfen lassen und die Oliven halbieren. Den Teigboden mit der Tomatensauce bestreichen, dann mit Champignons, den Krabben, den Zwiebeln sowie den Oliven gleichmäßig belegen. Alles salzen und pfeffern. Den Gouda reiben und darüberstreuen.

**7** Die Teigränder mit dem restlichen Öl bepinseln. Die Pizzen auf der mittleren Schiene etwa 45 Minuten backen. Die beiden Bleche nacheinander abbacken.

## REZEPTVARIATIONEN

- Anstatt der Gerstenflocken die gleiche Menge kernige Haferflocken verwenden.
- Die Krabben können durch Tiefseegarnelen ersetzt werden.

## GETRÄNKETIPS

- Trinken Sie zu dieser ungewöhnlichen Pizza ein dunkles, bayerisches Bier oder, wenn Sie es in Ihrer Gegend bekommen, ein Roggenbier.
- Probieren Sie im Anschluß an diese kernige Pizza einen Malzkaffee mit aufgeschäumter Milch. Dazu am besten H-Vollmilch in einem Topf erwärmen, mit einem Schneebesen kräftig aufschlagen und löslichen Malzkaffee damit anrühren.

## BUNTE PIZZAVARIATIONEN

**PRAKTISCHER TIP**

Gerstenflocken bekommen Sie im Reformhaus oder im Naturkostladen.

# KRABBEN-SARDINEN-PIZZA

## Infoblock

- Für 4 runde Pizzen (ca. 20 cm ø)
- Arbeitszeit: ca. 40 Minuten
- Zeit zum Gehen: ca. 60 Minuten
- Backzeit: ca. 30 Minuten
- 4 Portionen
- ca. 1200 kcal je Portion

## Zutaten

### Für den Teig

500 g Weizenmehl
1 Hefewürfel (ca. 40 g)
1 TL Ahornsirup
ca. 250 ml lauwarme Milch
80 g zimmerwarme Butter
1 frisches Ei, 1 gestr. TL Salz

### Für den Belag

400 g geschälte Dosentomaten (1 kleine Dose)
etwas Salz, 1 große Zwiebel
100 g getrocknete, in Olivenöl eingelegte Tomaten
200 g TK-Krabben (glasiert)
100 g eingelegte Sardinen
50 g Silberzwiebeln
100 g Kräuteroliven
250 g Mozzarella
6 eingelegte, milde Peperoni
gem. schwarzer Pfeffer
4 EL Olivenöl
Weizenmehl und weiche Butter für das Backblech

---

**1** Das Mehl in eine Schüssel sieben, eine Mulde hineindrücken, die Hefe hineinbröseln, den Sirup dazugeben und beides zusammen mit etwa der Hälfte der Milch verrühren. Das Ganze mit etwas Mehl bestäuben, mit einem Tuch abdecken und an einem warmen Ort etwa 20 Minuten gehen lassen.

**2** Die Dosentomaten in kleinere Stücke schneiden, wieder in den Tomatensaft geben und alles leicht salzen. Die Zwiebel schälen, halbieren und in hauchdünne Streifen schneiden.

**3** Die getrockneten Tomaten kleinwürfeln. Die Krabben gründlich abspülen und abtropfen lassen. Die Sardinen eventuell entgräten und quer halbieren. Die Silberzwiebeln abtropfen lassen und die Oliven längs halbieren. Den Mozzarella in dünne Scheiben schneiden.

**4** Die Butter in Flöckchen schneiden. Den Vorteig zusammen mit der restlichen Milch, dem Ei, der Butter und dem Salz zu einem geschmeidigen Teig verkneten. Diesen mit etwas Mehl bestäuben, mit einem Tuch abdecken und an einem warmen Ort etwa 40 Minuten gehen lassen.

**5** Den Backofen auf 200°C vorheizen, 2 Backbleche mit Butter fetten und mit etwas Mehl bestäuben. Den Teig auf einer bemehlten Arbeitsfläche rund (viermal etwa 20 cm ø) auswellen, auf 2 Backbleche heben und die Teigränder etwas hochziehen.

**6** Den Teigboden gleichmäßig mit der Tomatenmasse bestreichen. Die vorbereiteten Zutaten darauf verteilen. Das Ganze leicht salzen und pfeffern, mit dem Mozzarella belegen und mit dem Öl beträufeln.

**7** Die Pizzen auf der mittleren Schiene in etwa 30 Minuten knusprig backen. Die beiden Bleche nacheinander abbacken.

### REZEPTVARIATIONEN

- Erweitern Sie den Pizzabelag um etwa 4 geviertelte Artischockenherzen und eine Handvoll eingelegte Miesmuscheln aus dem Glas oder aus der Dose.
- Geben Sie zusätzlich etwa 1 Eßlöffel frisch gehackte Kräuter, z. B. Basilikum, Rosmarin oder Oregano, auf die Tomatenmasse.
- Sie können ebenso einen klassischen Hefeteig (z. B. Rezept „Pizza pane", S. 42) verwenden.

### BEILAGENTIPS

Zur Krabben-Sardinen-Pizza paßt ein Tomatensalat mit Essig, Öl und reichlich frischem Basilikum.

# BUNTE PIZZAVARIATIONEN

### GETRÄNKETIPS

Zu dieser pikanten Pizza paßt kühles, herbes Pils oder ein Mineralwasser mit einem Spritzer Zitronensaft.

# SCAMPIPIZZA

## Infoblock

- **Für 1 Backblech (ca. 30 x 40 cm) oder 2 Pizzafladen (ca. 20 x 30 cm)**
- **Arbeitszeit: ca. 1¼ Stunden**
- **Zeit zum Gehen: ca. 60 Minuten**
- **Backzeit: ca. 25 Minuten**
- **4 Portionen**
- **ca. 920 kcal je Portion**

## Zutaten

### Für den Teig

400 g Weizenmehl
1 Hefewürfel (ca. 40 g)
1 Prise Zucker
ca. 200 ml lauwarmes Wasser
1 gestr. TL Salz
Olivenöl für das Backblech

### Für den Belag

ca. 400 g geschälte Dosentomaten (1 kleine Dose)
einige Zweige Basilikum
5 Knoblauchzehen
5 EL Olivenöl
500 g gekochte, geschälte Scampi
100 g Butter
3 frische Eigelb
5 EL Weißwein
2 EL Tomatenmark, etwas Salz
gem. weißer Pfeffer

---

**1** Das Mehl in eine Schüssel sieben, eine Vertiefung hineindrücken, die Hefe hineinbröseln, den Zucker dazugeben und beides mit etwa der Hälfte des Wassers verrühren. Das Ganze mit etwas Mehl bestäuben, mit einem Tuch abdecken und an einem warmen Ort etwa 20 Minuten gehen lassen.

**2** Die Tomaten kleinschneiden und wieder unter den Tomatensaft rühren. Die Basilikumblättchen von den Stengeln zupfen, waschen, trockentupfen und fein wiegen. Den Knoblauch schälen, fein hacken und zusammen mit dem Öl verrühren.

**3** Den Vorteig zusammen mit dem restlichen Wasser und dem Salz zu einem geschmeidigen Teig verkneten. Diesen mit etwas Mehl bestäuben, mit einem Tuch abdecken und an einem warmen Ort etwa 40 Minuten gehen lassen.

**4** Die Scampi am Rücken entlang einschneiden, vom Darm befreien, waschen, trockentupfen und quer in nicht zu kleine Stücke schneiden. Die Butter in einen Topf geben und bei mäßiger Hitze klären, d. h. solange erwärmen, bis sich das Molkeeiweiß abgesetzt hat. Dann das Butterfett vorsichtig in ein kleines Gefäß gießen. Der Eiweißanteil muß dabei im Topf zurückbleiben.

**5** Den Backofen auf 220°C vorheizen und 1 oder 2 Backbleche mit Öl bestreichen. Den Teig auf einer bemehlten Arbeitsfläche auf Backblechgröße oder zu 2 länglichen Fladen (etwa ½ cm dick) auswellen, auf 1 bzw. 2 Bleche heben und die Teigränder etwas hochziehen. Den Teigboden mit einer Gabel mehrmals einstechen.

**6** Die Tomatenmasse gleichmäßig auf dem Pizzaboden verteilen. Das Ganze auf der mittleren Schiene etwa 10 Minuten vorbacken.

**7** Die Eigelbe zusammen mit dem Wein in einer hitzebeständigen Schüssel verquirlen und in einem heißen Wasserbad cremig aufschlagen. Die Schüssel vom Topf nehmen und die geklärte, flüssige Butter teelöffelweise darunterschlagen. Das Tomatenmark hineinrühren, alles salzen, pfeffern und mit dem Basilikum verfeinern.

**8** Die Scampi auf dem vorgebackenen Pizzaboden verteilen. Die aufgeschlagene Sauce zusammen mit dem Knoblauchöl verrühren und die Scampi gleichmäßig damit überziehen. Die Pizza zurück in den Ofen schieben, 5 Minuten backen, dann mit Alufolie abdecken und in weiteren 10 Minuten mit Unterhitze fertigbacken. Bei 2 Pizzafladen die beiden Bleche nacheinander abbacken.

## BUNTE PIZZAVARIATIONEN

### BEILAGENTIP

Zur feinen Scampipizza sollten Sie unbedingt einen zarten Blattsalat (z. B. Kopfsalatherzen) mit einer leichten Essig-Öl-Marinade servieren.

### PRAKTISCHER TIP

Mit der im Rezept angegebenen Sauce lassen sich auch andere Leckereien goldgelb überbacken, wie z. B. Schinken, Meeresfrüchte, Artischocken, Spargel, Tomaten und viele weitere feine Zutaten.

# LACHS-SPINAT-PIZZA

## Infoblock

- Für 4 runde Pizzen (ca. 20 cm ø)
- Arbeitszeit: ca. 50 Minuten
- Zeit zum Gehen: ca. 60 Minuten
- Backzeit: ca. 30 Minuten
- 4 Portionen
- ca. 1110 kcal je Portion

## Zutaten

### Für den Belag

300 g gehackter TK-Spinat
1 große Zwiebel
3 Knoblauchzehen
200 g Räucherlachs in Scheiben
250 g Ricotta
je 5 EL Crème fraîche und süße Sahne
2 EL Butter, etwas Salz
gem. weißer Pfeffer
2 EL Olivenöl
weiche Butter und Weizenmehl für das Backblech

### Für den Teig

400 g Weizenmehl
1 Hefewürfel (ca. 40 g)
1 Prise Zucker
ca. 100 ml lauwarmes Wasser
4 EL Olivenöl
50 g zimmerwarme Butter
1 frisches Ei
1 gestr. TL Salz

**1** Den Spinat zum Auftauen in ein Sieb geben. Das Mehl in eine Schüssel sieben, eine Mulde hineindrücken, die Hefe hineinbröckeln, den Zucker dazugeben und beides zusammen mit dem Wasser verrühren. Das Ganze mit etwas Mehl bestäuben, mit einem Tuch abdecken und an einem warmen Ort etwa 20 Minuten gehen lassen.

**2** Zwiebel und Knoblauch schälen und beides fein hacken. Den Spinat mit den Händen kräftig ausdrücken. Die Lachsscheiben in dünne Streifen schneiden.

**3** Den Vorteig zusammen mit dem Öl, der Butter, dem Ei und dem Salz zu einem geschmeidigen Teig verkneten. Diesen mit etwas Mehl bestäuben, mit einem Tuch abdecken und an einem warmen Ort etwa 40 Minuten gehen lassen.

**4** Den Ricotta zusammen mit der Crème fraîche und der Sahne verrühren. Den Backofen auf 220°C vorheizen, 2 Backbleche mit etwas Butter fetten und mit etwas Mehl bestäuben.

**5** In einer Pfanne die Butter erhitzen. Zwiebel- und Knoblauchwürfel einige Minuten darin andünsten. Den Spinat dazugeben, alles vermengen, dann alles salzen und pfeffern und beiseite stellen.

**6** Den Teig auf einer bemehlten Arbeitsfläche rund (viermal etwa 20 cm ø) auswellen, auf 2 Backbleche legen, die Teigränder etwas hochziehen, die Teigoberfläche mit einer Gabel mehrmals einstechen und mit dem Öl bepinseln.

**7** Die Spinatmasse auf dem Teig verteilen, die Lachsstreifen gleichmäßig darauf legen. Die Ricottacreme löffelweise auf dem Pizzabelag verstreichen. Das Ganze nochmals salzen und pfeffern.

**8** Die Pizza auf der untersten Schiene in etwa 30 Minuten knusprig backen. Die beiden Bleche nacheinander abbacken.

### REZEPTVARIATIONEN

- Anstatt Ricotta können Sie die gleiche Menge Mascarpone (bekannter italienischer Frischkäse) verwenden.
- Der Spinat ist durch etwa 500 g grünen oder weißen, gekochten Spargel problemlos zu ersetzen. Schneiden Sie den Spargel vor dem Kochen in etwa 4 cm lange Stücke.
- Wenn Sie mögen, tauschen Sie den Lachs gegen etwa 250 g gekochte, geschälte Krabben oder Tiefseegarnelen aus.

# BUNTE PIZZAVARIATIONEN

### GETRÄNKETIP

Zu dieser Schlemmerpizza sollten Sie einen gut gekühlten Weißwein, z. B. einen Blanc de Blancs oder einen Chablis aus Frankreich, servieren.

### PRAKTISCHER TIP

Wenn es mal schnell gehen soll, nehmen Sie für diese Pizza 2 runde Pizzateigfertigböden (ca. 32 cm ø) aus der Kühltheke.

# PIZZA MIT ZWEIERLEI FISCH

## Infoblock

- Für 1 Backblech (ca. 30 x 40 cm)
- Arbeitszeit: ca. 50 Minuten
- Zeit zum Gehen: ca. 60 Minuten
- Garzeit: ca. 5 Minuten
- Backzeit: ca. 25 Minuten
- 4 Portionen
- ca. 770 kcal je Portion

## Zutaten

### Für den Teig

400 g Weizenmehl
1 Würfel Hefe (ca. 40 g)
1 Prise Zucker
ca. 200 ml lauwarmes Wasser
1 gestr. TL Salz
Olivenöl für das Backblech

### Für den Belag

2 große Zwiebeln
2 Knoblauchzehen
400 g geschälte Dosentomaten (1 kleine Dose)
ca. 250 g Seelachsfilet
2-3 EL Butter
ca. 150 g Thunfisch in Öl
100 g gekochte, geschälte Tiefseegarnelen
je 1 TL getrockneter Oregano und Thymian, etwas Salz
gem. schwarzer Pfeffer
200 g kleingewürfelter Käse nach Wahl

---

**1** Das Mehl in eine Schüssel sieben, eine Mulde hineindrücken, die Hefe hineinbröckeln, den Zucker dazugeben und beides mit etwa der Hälfte des Wassers verrühren. Das Ganze mit etwas Mehl bestäuben, mit einem Tuch abdecken und an einem warmen Ort etwa 20 Minuten gehen lassen.

**2** Die Zwiebeln schälen, halbieren und in hauchdünne Streifen schneiden. Den Knoblauch schälen und fein hacken. Die Tomaten kleinschneiden und wieder in den Tomatensaft geben. Das Seelachsfilet abspülen und trockentupfen. Den Fisch in fingerbreite Streifen schneiden. Die Butter erhitzen, den Fisch darin von allen Seiten anbraten und dann beiseite stellen.

**3** Den Vorteig zusammen mit dem restlichen Wasser und dem Salz zu einem geschmeidigen Teig verkneten. Diesen mit etwas Mehl bestäuben, mit einem Tuch abdecken und an einem warmen Ort etwa 40 Minuten gehen lassen.

**4** Das meiste Öl vom Thunfisch abgießen und den Fisch im restlichen Öl mit einer Gabel zerpflücken. Die Garnelen abspülen und mit Küchenkrepp trockentupfen. Den Backofen auf 220°C vorheizen und 1 Backblech mit Öl bepinseln.

**5** Den Teig auf einer bemehlten Arbeitsfläche eckig (Backblechgröße) auswellen, auf das Blech legen und die Teigränder etwas hochziehen. Den Teigboden gleichmäßig mit der Tomatenmasse bestreichen.

**6** Zwiebelstreifen, gehackten Knoblauch, Garnelen, Thunfischstücke darauf verteilen. Die Seelachsstreifen darauf legen. Das Ganze mit den Kräutern sowie mit Salz und Pfeffer bestreuen, dann den Käse darauf verteilen.

**7** Die Pizza auf der mittleren Schiene in etwa 25 Minuten knusprig backen.

### BEILAGENTIP

Zur Pizza mit Fisch paßt ein bunter, gemischter Blattsalat, z. B. aus Radicchio, Friséesalat und Kopfsalatherzen. Balsamessig, Öl, Salz und Pfeffer bereitstellen, dann kann sich jeder den Salat nach seinem Geschmack anmachen.

### GETRÄNKETIPS

- Einen trockenen, gut gekühlten Weißwein aus Ihrem letzten Urlaub in Italien dazu servieren.
- Ebenso paßt ein fränkischer Bocksbeutel dazu.

**BUNTE PIZZAVARIATIONEN**

# BUNTE GEMÜSEPIZZA

## Infoblock

- Für 1 Backblech (ca. 30 x 40 cm) oder 4 runde Pizzen (ca. 20 cm ø)
- Arbeitszeit: ca. 1¼ Stunden
- Zeit zum Gehen: ca. 60 Minuten
- Garzeit: 5 bis 8 Minuten
- Backzeit: ca. 30 Minuten
- 4 Portionen
- ca. 990 kcal je Portion

## Zutaten

### Für den Teig

400 g Weizenvollkornmehl
1 Päckchen Trockenhefe
1 TL flüssiger Honig
ca. ¼ l lauwarmes Wasser
1 gestr. TL Salz
2 EL Olivenöl
Olivenöl für das Backblech

### Für den Belag

500 g Möhren, 5 EL Butter
1 TL Zucker, etwas Meersalz
gem. schwarzer Pfeffer
500 g feste Zucchini
300 g Maiskörner aus der Dose
200 g passierte Tomaten (Fertigprodukt)
100 g saure Sahne
1 EL getr. italienische Kräuter
250 g geriebener Gouda
2 EL Olivenöl

**1** Das Mehl in eine Schüssel sieben, eine Mulde hineindrücken, Hefe und Honig in dem Wasser auflösen und hineingießen. Das Ganze mit etwas Mehl bestäuben, mit einem Tuch abdecken und an einem warmen Ort etwa 20 Minuten gehen lassen.

**2** Die Möhren schälen, waschen und in dünne Scheiben schneiden. Die Butter erhitzen, die Möhrenscheiben darin 5 bis 8 Minuten dünsten und mit Zucker, Salz und Pfeffer abschmecken.

**3** Den Vorteig zusammen mit Salz und Öl zu einem geschmeidigen Teig verkneten, mit etwas Mehl bestäuben, mit einem Tuch abdecken und an einem warmen Ort etwa 40 Minuten gehen lassen.

**4** Die Zucchini putzen, waschen und längs in Scheiben schneiden. Diese quer in schmale Stifte schneiden. Den Mais abtropfen lassen.

**5** Den Backofen auf etwa 210°C vorheizen und 1 oder 2 Backbleche mit etwas Öl bestreichen. Den Teig auf einer bemehlten Arbeitsfläche rund oder eckig (etwa ½ cm dick) auswellen und auf 1 bzw. 2 Backbleche legen. Die Teigränder etwas hochziehen.

**6** Die passierten Tomaten zusammen mit der Sahne glattrühren, alles salzen und pfeffern und mit den Kräutern würzen. Die Tomatensauce dünn auf den Teig streichen.

**7** Möhren, Zucchini sowie Mais vermengen und alles gleichmäßig auf dem Teigboden verteilen. Den Käse auf die Gemüsemischung streuen und das Ganze mit dem Öl beträufeln.

**8** Die Gemüsepizza auf der unteren Schiene in etwa 30 Minuten knusprig backen. Bei 4 runden Pizzen die beiden Bleche nacheinander abbacken.

### BEILAGENTIP

Zu dieser leckeren Pizza sollten Sie einen Blattsalat, wie z. B. Lollo Rosso, Eichblatt-, Kopf-, Rucola- oder Feldsalat, mit einer leichten Essig-Öl-Marinade reichen.

### GETRÄNKETIPS

Zur Gemüsepizza empfehlen wir einen spritzigen Apfelwein. Für Kinder gibt es einen Apfelsaft mit Mineralwasser.

## VEGETARISCHE PIZZEN

# AUBERGINENPIZZA

## Infoblock

- Für 1 Backblech (ca. 30 x 40 cm) oder 4 runde Pizzen (ca. 20 cm ø)
- Arbeitszeit: ca. 1¼ Stunden
- Zeit zum Gehen: ca. 60 Minuten
- Garzeit: ca. 30 Minuten
- Backzeit: ca. 30 Minuten
- 4 Portionen
- ca. 860 kcal je Portion

## Zutaten

### Für den Teig

400 g Weizenmehl
1 Hefewürfel (ca. 40 g)
1 Prise Zucker
ca. 200 ml lauwarmes Wasser
1 gestr. TL Salz
1 EL Olivenöl
Olivenöl für das Backblech

### Für den Belag

500 g reife Tomaten, vorzugsweise Eiertomaten
1 Zwiebel
2 Knoblauchzehen
2 Zweige Basilikum
knapp 100 ml Olivenöl
etwas Salz
gem. schwarzer Pfeffer
500 g kleine, feste Auberginen
1-2 TL getrockneter Oregano
250 g Mozzarella

---

**1** Das Mehl in eine Schüssel sieben, eine Mulde hineindrücken, die Hefe hineinbröseln, den Zucker dazugeben und beides mit etwa der Hälfte des Wassers verrühren. Das Ganze mit etwas Mehl bestäuben, mit einem Tuch abdecken und an einem warmen Ort etwa 20 Minuten gehen lassen.

**2** Die Tomaten kreuzweise einritzen, von den Stielansätzen befreien, in kochendem Wasser kurz überbrühen, kalt abschrecken, enthäuten, vierteln, entkernen und kleinwürfeln. Zwiebel und Knoblauch schälen und fein hacken. Die Basilikumblätter von den Stengeln zupfen, waschen, trockentupfen und fein wiegen.

**3** Den Vorteig zusammen mit Salz, Öl und dem restlichen Wasser zu einem geschmeidigen Teig verkneten. Diesen mit etwas Mehl bestäuben, mit einem Tuch abdecken und an einem warmen Ort etwa 40 Minuten gehen lassen.

**4** In einem Kochtopf 3 Eßlöffel Öl erhitzen, Zwiebel- und Knoblauchwürfel darin glasig dünsten, die Tomatenwürfel hineinrühren und das Ganze unter Rühren knapp 20 Minuten köcheln lassen. Das Mus später mit Salz, Pfeffer und Basilikum abschmecken.

**5** Die Auberginen waschen, trockenreiben, die Enden abschneiden und die Früchte quer in etwa ½ cm dicke Scheiben schneiden. In einer beschichteten Pfanne nach und nach etwa 6 Eßlöffel Öl erhitzen, die Auberginenscheiben darin von beiden Seiten kurz anbraten, salzen, pfeffern und auf Küchenkrepp legen.

**6** Den Backofen auf 220°C vorheizen und 1 oder 2 Backbleche mit Öl bepinseln. Den Teig auf einer bemehlten Arbeitsfläche rund (viermal etwa 20 cm ø) oder eckig (Backblechgröße) auswellen, auf 1 bzw. 2 Backbleche legen und die Teigränder etwas hochziehen. Den Teigboden mit einer Gabel mehrmals einstechen.

**7** Das Ganze mit dem Tomatenmus bestreichen. Die Auberginenscheiben darauf verteilen und mit dem Oregano bestreuen. Den Mozzarella in dünne Scheiben schneiden und die Auberginen damit belegen. Den Belag mit 3 bis 4 Eßlöffeln Öl beträufeln.

**8** Die Pizza auf der mittleren Schiene in etwa 30 Minuten knusprig backen. Bei 4 runden Pizzen die beiden Bleche nacheinander abbacken.

# VEGETARISCHE PIZZEN

# ZUCCHINI-SCHAFSKÄSE-PIZZA

## Infoblock

- Für 1 Backblech (ca. 30 x 40 cm) oder 4 runde Pizzen (ca. 20 cm ø)
- Arbeitszeit: ca. 1¼ Stunden
- Zeit zum Gehen: ca. 60 Minuten
- Garzeit: ca. 5 Minuten
- Backzeit: ca. 25 Minuten
- 4 Portionen
- ca. 970 kcal je Portion

## Zutaten

### Für den Teig

400 g Vollkornmehl
1 Hefewürfel (ca. 40 g)
1 TL flüssiger Honig
ca. 200 ml lauwarmes Wasser
1 gestr. TL Meersalz
etwas Olivenöl für das Backblech

### Für den Belag

4 reife Fleischtomaten
1 mittelgroße Zwiebel
800 g kleine, feste Zucchini
6-8 EL Olivenöl
etwas Meersalz
gem. grober Pfeffer
1 EL frisch gehackter Oregano, ersatzweise 1 TL getrocknete italienische Kräuter
150 g schwarze Oliven
250 g Schafskäsewürfel, in Olivenöl eingelegt

---

**1** Das Mehl in eine Schüssel sieben, eine Mulde hineindrücken, die Hefe hineinbröckeln, den Honig dazugeben und beides mit dem Großteil des Wassers verrühren. Das Ganze mit etwas Mehl bestäuben, mit einem Tuch abdecken und an einem warmen Ort etwa 20 Minuten gehen lassen.

**2** Die Tomaten kreuzweise einritzen, von den Stielansätzen befreien, kurz in kochendem Wasser überbrühen, kalt abschrecken, enthäuten und in kleine Würfel schneiden.

**3** Den Vorteig zusammen mit dem restlichen Wasser und dem Salz zu einem geschmeidigen Teig verkneten. Diesen mit etwas Mehl bestäuben, abdecken und an einem warmen Ort etwa 40 Minuten gehen lassen.

**4** Die Zwiebel schälen und fein würfeln. Die Zucchini putzen, waschen, trockenreiben und quer in dünne Scheiben schneiden. In einer größeren Pfanne die Hälfte des Öls erhitzen. Die Zwiebelwürfel darin kurz anbraten, dann die Zucchinischeiben dazugeben, alles salzen, pfeffern, mit den Kräutern bestreuen und einige Minuten unter Schwenken braten. Das Ganze beiseite stellen.

**5** Den Backofen auf 220°C vorheizen und 1 oder 2 Backbleche mit Öl bepinseln. Den Teig auf einer bemehlten Arbeitsfläche rund (viermal etwa 20 cm ø) oder eckig (Backblechgröße) auswellen, auf 1 bzw. 2 Backbleche legen und die Teigränder etwas hochziehen.

**6** Die Tomatenwürfel auf dem Pizzaboden verteilen. Alles leicht salzen und pfeffern. Zunächst die Zucchinischeiben, dann die Oliven und schließlich die Käsewürfel darauf geben und das Ganze mit dem restlichen Olivenöl beträufeln.

**7** Die Pizza auf der mittleren Schiene in etwa 25 Minuten knusprig backen. Bei 4 runden Pizzen die beiden Bleche nacheinander abbacken.

### BEILAGENTIP

**Probieren Sie mal einen Rote-Bete-Spinat-Salat. Dazu etwa 500 g eingekochte Rote-Bete-Scheiben gut abtropfen lassen. Etwa 3 Handvoll frischen, jungen Spinat putzen, waschen, von festen Stielen befreien und trockenschleudern. Etwa 4 Eßlöffel Olivenöl, 3 Eßlöffel Balsamessig, etwas gemahlenen schwarzen Pfeffer und Salz miteinander verrühren. Dann 2 Schalotten schälen, fein hacken und darunterrühren. Die Salatzutaten mischen und in der Marinade anmachen. Das Ganze mit etwa 1 Eßlöffel frisch gehackter Blattpetersilie bestreuen.**

# VEGETARISCHE PIZZEN

### GETRÄNKETIPS

Wenn Sie einen guten Schafskäse aus Griechenland für den Belag verwenden, sollten Sie auch einen griechischen Wein, z. B. einen weißen oder roten Demestica, zur Pizza trinken. Oder mögen Sie Retsina?

### REZEPTVARIATION

Statt Schafskäse können Sie auch einen schmelzenden Schnitt- oder Hartkäse, wie z. B. Emmentaler, Gouda, Tilsiter, Appenzeller oder Edamer, verwenden. Den Käse fein reiben und zuletzt auf die Pizza streuen.

# ERBSEN-SPARGEL-PIZZA

## Infoblock

- Für 1 Backblech (ca. 30 x 40 cm) oder 4 runde Pizzen (ca. 20 cm ø)
- Arbeitszeit: ca. 40 Minuten
- Zeit zum Gehen: ca. 60 Minuten
- Backzeit: ca. 25 Minuten
- 4 Portionen
- ca. 820 kcal je Portion

## Zutaten

### Für den Teig

400 g Weizenmehl
1 Hefewürfel (ca. 40 g)
1 gestr. TL Zucker
ca. 200 ml lauwarmes Wasser
1 gestr. TL Salz
1 EL fein gehackte Petersilie
etwas Olivenöl für das Backblech

### Für den Belag

500 g Spargelstückchen aus dem Glas
200 g Erbsen aus der Dose
2 hartgekochte Eier
200 g Emmentaler
ca. 250 g Pizzatomaten aus der Dose
etwas Salz
frisch gemahlener weißer Pfeffer nach Belieben
5 EL Olivenöl

**1** Das Mehl in eine Schüssel sieben, eine Mulde hineindrücken, die Hefe hineinbröseln, den Zucker dazugeben und beides mit der Hälfte des Wassers verrühren. Das Ganze mit Mehl bestäuben, mit einem Tuch abdecken und an einem warmen Ort etwa 20 Minuten gehen lassen.

**2** Den Spargel zusammen mit den Erbsen gut abtropfen lassen und eventuell mit Küchenkrepp trockentupfen. Die Eier pellen und einzeln in einem Eierschneider einmal längs und einmal quer zerschneiden.

**3** Den Emmentaler fein reiben. Die Pizzatomaten salzen und pfeffern. Den Backofen auf 220°C vorheizen und 1 oder 2 Backbleche mit Öl bestreichen.

**4** Den Vorteig zusammen mit dem Salz, der Petersilie und dem restlichen Wasser zu einem geschmeidigen Teig verkneten. Diesen mit etwas Mehl bestäuben, mit einem Tuch abdecken und an einem warmen Ort etwa 40 Minuten gehen lassen.

**5** Den Teig auf einer bemehlten Arbeitsfläche rund (viermal etwa 20 cm ø) oder eckig (Backblechgröße) auswellen, auf 1 bzw. 2 Backbleche legen und die Teigränder etwas hochziehen. Die Pizzatomaten darauf streichen. Spargel, Erbsen und Eistückchen darauf verteilen. Den Belag leicht salzen und pfeffern, mit dem Käse bestreuen und mit dem Öl beträufeln.

**6** Die Pizza auf der mittleren Schiene in etwa 25 Minuten knusprig backen. Sollte der Belag zu trocken werden, das Ganze in den letzten Minuten mit Alufolie abdecken. Bei 4 runden Pizzen die beiden Bleche nacheinander abbacken.

### REZEPTVARIATIONEN

- In der Spargelsaison sollten Sie unbedingt frischen weißen oder grünen Spargel (etwa 600 g) für die Pizza verwenden. Den Spargel dünn schälen, waschen, in reichlich Salzwasser zusammen mit etwas Zucker und einem Stich Butter bißfest kochen, abgießen und die Pizza damit belegen.
- Anstelle der Eier können Sie etwa 125 g Kochschinkenwürfelchen verwenden.

### BEILAGENTIP

Probieren Sie zu der feinen Pizza einen erfrischenden Salat aus 2 bis 3 Kolben Chicorée, etwa 190 g Mandarinenfilets (1 kleine Dose) und 1 Banane in Scheiben. Dazu ein leichtes Joghurtdressing aus 200 g Vollmilchjoghurt, Salz, schwarzen Pfeffer, Currypulver und etwas Mandarinensaft anrühren.

# VEGETARISCHE PIZZEN

### GETRÄNKETIP

Zu Spargelgerichten wird gerne Weißwein getrunken. Unser Vorschlag: ein trockener, gut gekühlter Frankenwein.

# SPINATPIZZA

### Infoblock

- **Für 1 Backblech (ca. 30 x 40 cm) oder 4 runde Pizzen (ca. 20 cm ø)**
- **Arbeitszeit: ca. 60 Minuten**
- **Zeit zum Gehen: ca. 60 Minuten**
- **Garzeit: ca. 7 Minuten**
- **Backzeit: ca. 40 Minuten**
- **4 Portionen**
- **ca. 1030 kcal je Portion**

### Zutaten

#### Für den Teig

500 g Weizenmehl
1 EL Honig
ca. ¼ l lauwarme Milch
1 Hefewürfel (ca. 40 g)
1 gestr. TL Salz
1 frisches Ei

#### Für den Belag

1 kg frischer Spinat
etwas Salz
je 4 große Zwiebeln und Knoblauchzehen
100 g Butter
gem. schwarzer Pfeffer
1 Prise frisch geriebene Muskatnuß
200 g geriebener Emmentaler

#### Außerdem

etwas flüssige Butter für das Backblech und die Teigränder

**1** Das Mehl in eine Schüssel sieben, eine Vertiefung hineindrücken, den Honig in die Milch rühren, die Hefe hineinbröseln und alles in die Mulde gießen. Das Ganze mit Mehl bestäuben, mit einem Tuch abdecken und an einem warmen Ort etwa 20 Minuten gehen lassen.

**2** Den Spinat verlesen, putzen, von dicken Blattrippen und Stielen befreien, waschen, abtropfen lassen, in reichlich kochendem Salzwasser für etwa 1 Minute blanchieren, herausnehmen, sofort kalt abbrausen und sehr gut abtropfen lassen.

**3** Den Vorteig zusammen mit dem Salz und dem Ei zu einem geschmeidigen Teig verkneten. Diesen mit etwas Mehl bestäuben, mit einem Tuch abdecken und an einem warmen Ort etwa 40 Minuten gehen lassen.

**4** Zwiebeln und Knoblauch schälen und fein würfeln. Die Hälfte der Butter erhitzen, Zwiebeln sowie Knoblauch darin etwa 5 Minuten dünsten, dann alles beiseite stellen.

**5** Den Spinat mit den Händen gründlich ausdrücken, grob zerschneiden und zusammen mit der Zwiebel-Knoblauch-Mischung vermengen. Das Ganze mit Salz, Pfeffer und Muskatnuß kräftig würzen.

**6** Den Backofen auf 220°C vorheizen und 1 oder 2 Backbleche mit Butter bestreichen. Den Teig auf einer bemehlten Arbeitsfläche rund oder eckig (etwa ½ cm dick) auswellen, auf 1 bzw. 2 Backbleche legen, die Teigränder etwas hochziehen und die Teigoberfläche mit einer Gabel mehrmals einstechen.

**7** Den Teigboden gleichmäßig mit der Spinatmasse belegen. Den Käse darüberstreuen und die restliche Butter in Flöckchen darauf setzen. Die Teigränder mit Butter bepinseln.

**8** Die Spinatpizza auf der mittleren Schiene etwa 40 Minuten backen. Das Ganze in den letzten 10 Minuten mit Alufolie abdecken. Bei 4 runden Pizzen die beiden Bleche nacheinander abbacken.

### REZEPTVARIATIONEN

◆ Der Hefeteig kann durch einen anderen Teig Ihrer Wahl, wie z. B. einen Quark-Öl-Teig (Rezept „Champignon-Lauch-Pizza", S. 116 ) oder einen Mürbeteig (Rezept „Hackfleischpizza", S. 110) ausgetauscht werden.

◆ Erweitern Sie den Pizzabelag mit etwa 150 g Thunfisch (in Öl eingelegt) oder 200 g gekochten Nordseekrabben.

## VEGETARISCHE PIZZEN

### BEILAGENTIP

Zur Spinatpizza sollten Sie einen bunten Paprikasalat mit Essig-Öl-Marinade servieren.

### GETRÄNKETIPS

Probieren Sie zu der feinen Pizza mal einen trockenen Weißwein aus Italien, wie z. B. einen Frascati, einen Orvieto oder einen Soave. Alle Weine stets gut gekühlt servieren.

# FLAGGENPIZZA

## Infoblock

- Für 4 eckige Pizzen (ca. 25 x 15 cm)
- Arbeitszeit: ca. 50 Minuten
- Zeit zum Gehen: ca. 60 Minuten
- Garzeit: ca. 20 Minuten
- Backzeit: 30 bis 35 Minuten
- 4 Portionen
- ca. 1060 kcal je Portion

## Zutaten

### Für den Teig

400 g Weizenmehl
1 Hefewürfel (ca. 40 g)
1 gestr. TL Zucker
ca. 200 ml lauwarmes Wasser
1 gestr. TL Salz
Olivenöl für das Backblech

### Für den Belag

1 große Zwiebel
5 Knoblauchzehen
6 EL Olivenöl
2 EL Tomatenmark
⅛ l trockener Rotwein
600 g geschälte Dosentomaten (1½ kleine Dosen)
je 1 EL frisch gehacktes Basilikum und Rosmarin, Salz
gem. schwarzer Pfeffer
je 2 rote und gelbe Paprikaschoten
200 g schwarze Oliven
200 g geriebener Gouda

---

**1** Das Mehl in eine Schüssel sieben, eine Vertiefung hineindrücken, die Hefe hineinbröseln, den Zucker dazugeben und beides mit etwa der Hälfte des Wassers verrühren. Das Ganze mit etwas Mehl bestäuben, mit einem Tuch abdecken und an einem warmen Ort etwa 20 Minuten gehen lassen.

**2** Zwiebel und Knoblauch schälen und fein hacken. In einem Topf etwa 4 Eßlöffel Öl erhitzen. Zwiebel- und Knoblauchwürfel darin glasig dünsten, unter ständigem Rühren das Tomatenmark hineinrühren, das Ganze stark erhitzen und mit dem Rotwein ablöschen.

**3** Die Tomaten samt Saft dazugeben, alles verrühren und bei mäßiger Hitze etwa 20 Minuten leise köcheln lassen. Das Ganze später mit den Kräutern, etwas Salz und Pfeffer pikant abschmecken. Die Paprikaschoten waschen, trockenreiben, halbieren, entkernen, in Viertel schneiden und diese quer in dünne Streifen schneiden. Dabei die beiden Farben nicht mischen.

**4** Den Vorteig zusammen mit dem Salz und dem restlichen Wasser zu einem geschmeidigen Teig verkneten. Diesen mit etwas Mehl bestäuben, mit einem Tuch abdecken und an einem warmen Ort etwa 40 Minuten gehen lassen.

**5** Den Backofen auf 220°C vorheizen und 2 Backbleche mit etwas Öl bestreichen. Den Teig in 4 Portionen teilen und diese einzeln auf einer bemehlten Arbeitsfläche zu Rechtecken (ca. 25 x 15 cm) auswellen. Die Teigfladen auf die beiden Backbleche setzen, mit einer Gabel mehrmals einstechen und mit dem Tomatenmus bestreichen.

**6** Die Pizzaböden der Länge nach mit einem etwa 5 cm breiten Streifen Oliven belegen. Den zweiten Abschnitt mit den roten Paprikastreifen und den dritten Abschnitt mit den gelben Paprikastreifen belegen. Das Ganze mit dem Käse bestreuen und mit dem restlichen Öl beträufeln.

**7** Die Pizza auf der mittleren Schiene in 30 bis 35 Minuten knusprig backen. Da die Paprikastücke leicht verbrennen, das Ganze in den letzten 15 Minuten mit Alufolie abdecken und die Hitze auf 180°C reduzieren. Beide Bleche nacheinander abbacken.

### BEILAGENTIP

**Reichen Sie zu der Pizza einen Kopfsalat, mit Tomatenachteln, Zwiebelstreifen und einigen Radicchioblättern. Aus 200 g Vollmilchjoghurt, dem Saft 1 Zitrone, etwas Salz und Pfeffer, einem Eßlöffel Himbeeressig und einer Prise Zucker ein Dressing herstellen.**

## VEGETARISCHE PIZZEN

### REZEPTVARIATION

Wenn Sie mal überlegen, fallen Ihnen bestimmt Zutatenkombinationen ein, mit denen Sie die Flaggen anderer Länder gestalten können. Wie wäre es mit der Schweiz? Dazu etwa 700 g reife Eiertomaten von den Stielansätzen befreien, enthäuten und in nicht zu dünne Scheiben schneiden. Die Teigfladen mit Olivenöl bestreichen und mit den Tomatenscheiben belegen. Dann 500 g Mozzarella (4 Kugeln) in dünne Scheiben schneiden und daraus auf jede Pizza ein dickes, weißes Kreuz legen. Das Ganze salzen und pfeffern und etwa 30 Minuten auf der mittleren Schiene backen.

# PIZZA MIT FÜNF KÄSESORTEN

### Infoblock

- Für 1 Backblech (ca. 30 x 40 cm) oder 4 runde Pizzen (ca. 20 cm ø)
- Arbeitszeit: ca. 50 Minuten
- Zeit zum Gehen: ca. 60 Minuten
- Backzeit: ca. 25 Minuten
- 4 Portionen
- ca. 940 kcal je Portion

### Zutaten

#### Für den Teig

400 g Weizenmehl
1 Hefewürfel (ca. 40 g)
1 Prise Zucker
ca. 200 ml lauwarmes Wasser
1 gestr. TL Salz
1 TL getrockneter Oregano
1 EL Olivenöl
etwas Olivenöl für das Backblech

#### Für den Belag

400 g geschälte Dosentomaten (1 kleine Dose)
etwas Salz
gem. weißer Pfeffer
100 g Gorgonzola
100 g Roquefort
100 g Ricotta
4 EL Olivenöl
100 g Gouda am Stück
100 g Bel Paese am Stück

---

**1** Das Mehl in eine Schüssel sieben, eine Vertiefung hineindrücken, die Hefe hineinbröseln, den Zucker dazugeben und beides mit der Hälfte des Wassers verrühren. Das Ganze mit etwas Mehl bestäuben, mit einem Tuch abdecken und an einem warmen Ort etwa 20 Minuten gehen lassen.

**2** Tomaten in kleine Stücke schneiden, wieder in den Saft geben, salzen und pfeffern. Gorgonzola und Roquefort in kleine Stücke schneiden, Ricotta mit 2 Eßlöffeln Öl verrühren. Bel Paese und Gouda fein reiben.

**3** Den Vorteig zusammen mit Salz, Oregano und Öl zu einem geschmeidigen Teig verkneten. Diesen mit etwas Mehl bestäuben, mit einem Tuch abdecken und an einem warmen Ort etwa 40 Minuten gehen lassen.

**4** Den Backofen auf 220°C vorheizen und 1 oder 2 Backbleche mit Öl bestreichen. Den Teig auf einer bemehlten Arbeitsfläche rund oder eckig (etwa ½ cm dick) auswellen, auf 1 bzw. 2 Backbleche legen und die Teigränder etwas hochziehen.

**5** Den Teig mit dem Tomatenmus bestreichen. Die verschiedenen Käsesorten in kleinen Portionen nebeneinander darauf verteilen. Die Teigränder mit dem restlichen Öl bepinseln.

**6** Die Käsepizza auf der unteren Schiene in knapp 25 Minuten knusprig backen. Bei 4 runden Pizzen die beiden Bleche nacheinander abbacken.

### REZEPTVARIATION

Sollten Sie die eine oder andere Käsesorte nicht mögen oder mal nicht bekommen, dann variieren Sie einfach nach Ihren Vorlieben. Es gibt unzählig viele fettreiche Käsesorten, die sich eignen. Probieren Sie z. B. Cambozola, Emmentaler, Schafskäse, Esrom, Tilsiter, Raclette oder Appenzeller.

### BEILAGENTIP

Zu dieser kräftigen Pizza sollten Sie einen gemischten Salat mit typisch italienischen Zutaten, wie z. B. Kopfsalatherzen, Paprika- und Zwiebelstreifen, schwarze und grüne Oliven, hauchdünne Fenchelstreifen, Tomaten- und Salatgurkenscheiben, anbieten. Olivenöl, Rotweinessig, Salz- und Pfeffermühle bereitstellen, dann kann jeder seinen Salat nach Lust und Laune anmachen.

## VEGETARISCHE PIZZEN

### GETRÄNKETIPS

◆ Einen gut gekühlten Prosecco oder einen trockenen Sekt als Aperitif servieren.

◆ Zur Pizza sollten Sie dann einen trockenen, italienischen Weißwein, wie z. B. Pinot Grigio aus Südtirol oder Gavi aus dem Piemont reichen.

# CALZONE MIT PILZEN

### Infoblock

- Für 2 Calzoni
- Arbeitszeit: ca. 60 Minuten
- Zeit zum Gehen: ca. 60 Minuten
- Garzeit: ca. 10 Minuten
- Backzeit: ca. 30 Minuten
- 4 Portionen
- ca. 880 kcal je Portion

### Zutaten

#### Für den Teig

400 g Weizenmehl
1 Hefewürfel (ca. 40 g)
1 Prise Zucker
knapp 200 ml lauwarmes Wasser
1 EL Olivenöl
1 gestr. TL Salz
Olivenöl für das Backblech

#### Für die Füllung

1 große Zwiebel
2 Knoblauchzehen
½ Bund Blattpetersilie
500 g frische Champignons
200 g frische Pfifferlinge
200 g Kochschinken in Scheiben
250 g Mozzarella
4 EL Butter
etwas Salz
gem. schwarzer Pfeffer
50 g geriebener Parmesan
1 TL getrockneter Oregano

**1** Das Mehl in eine Schüssel sieben, eine Vertiefung hineindrücken, die Hefe hineinbröckeln, den Zucker dazugeben und beides mit etwa der Hälfte des Wassers verrühren. Das Ganze mit etwas Mehl bestäuben, mit einem Tuch abdecken und an einem warmen Ort etwa 20 Minuten gehen lassen.

**2** Zwiebel und Knoblauch schälen und fein hacken. Die Petersilienblätter von den Stengeln zupfen, waschen, trockentupfen und ebenfalls fein hacken.

**3** Den Vorteig zusammen mit dem Öl, dem Salz und dem restlichen Wasser zu einem geschmeidigen Teig verkneten. Diesen mit etwas Mehl bestäuben, mit einem Tuch abdecken und an einem warmen Ort etwa 40 Minuten gehen lassen.

**4** Die Champignons putzen, mit einem feuchten Tuch abreiben und feinblättrig schneiden. Die Pfifferlinge verlesen, putzen, waschen und mit Küchenkrepp trockentupfen.

**5** Den Schinken in feine Streifen schneiden. Den Mozzarella in kleine Würfel schneiden. In einer Pfanne die Butter erhitzen. Zwiebel- und Knoblauchwürfel darin glasig dünsten. Die Pilze dazugeben und so lange dünsten, bis der Saft verkocht ist.

**6** Die Petersilie zu den Pilzen geben. Das Ganze salzen und pfeffern, in einer Schüssel mit den Schinkenstreifen vermengen und alles etwas abkühlen lassen. Anschließend den Mozzarella, den Parmesan und den Oregano daruntermischen.

**7** Den Backofen auf 220°C vorheizen und 1 großes Backblech mit etwas Öl bepinseln. Den Teig in 2 Portionen teilen, auf einer bemehlten Arbeitsfläche zu Ovalen (etwa ½ cm dick) auswellen und zur Hälfte mit jeweils der halben Pizzafüllung bestreichen. Dabei einen schmalen Rand freilassen. Die andere Teighälfte darüberklappen und die Teigränder fest zusammendrücken.

**8** Die Teigtaschen mit zwei Pfannenhebern vorsichtig nebeneinander auf das Backblech setzen und die Oberseiten mit Öl bestreichen. Die Calzoni auf der mittleren Schiene in etwa 30 Minuten knusprig backen.

### REZEPTVARIATIONEN

◆ Es ist kein Problem, anstatt frischer Pilze konservierte Ware (aus Glas oder Dose) zu verwenden. Sie benötigen dann etwa 200 g Champignons und etwa 100 g Pfifferlinge. Die Pilze sehr gut abtropfen lassen.

◆ Verwenden Sie statt der Champignons mal die gleiche Menge Austern-

## VEGETARISCHE PIZZEN

pilze. Diese werden vor dem Dünsten in schmale Streifen geschnitten.

◆ Die Füllung der Calzone kann mit etwa 200 g Schafskäse oder anderen Käsesorten nach Ihrem Geschmack variiert werden. Den Mozzarella dann weglassen.

### GETRÄNKETIPS

Einen leichten, roten Valpolicella aus der Gegend um Verona oder einen fruchtigen, weißen Frascati aus der Gegend um Rom zur Calzone genießen.

# CALZONE MIT ZWIEBELN UND EIERN

### Infoblock

◆ **Für 1 große Calzone**
◆ **Arbeitszeit: ca. 50 Minuten**
◆ **Zeit zum Gehen:
  ca. 60 Minuten**
◆ **Garzeit: ca. 10 Minuten**
◆ **Backzeit: ca. 30 Minuten**
◆ **3-4 Portionen**
◆ **ca. 870 kcal je Portion**

### Zutaten

#### Für den Teig

400 g Weizenmehl
1 Hefewürfel (ca. 40 g)
1 Prise Zucker
knapp 200 ml lauwarmes Wasser
1 EL Olivenöl
1 gestr. TL Salz
ca. 2 EL Olivenöl für das Backblech und zum Bestreichen
1 frisches Eigelb

#### Für die Füllung

500 g Zwiebeln
5 EL Olivenöl
4 hartgekochte Eier
1 Bund Petersilie
250 g Mozzarella
1 EL Tomatenmark
etwas Salz
gem. schwarzer Pfeffer

**1** Das Mehl in eine Schüssel sieben, eine Vertiefung hineindrücken, die Hefe hineinbröckeln, den Zucker dazugeben und beides mit etwa der Hälfte des Wassers verrühren. Das Ganze mit etwas Mehl bestäuben, mit einem Tuch abdecken und an einem warmen Ort etwa 20 Minuten gehen lassen.

**2** Die Zwiebeln schälen, halbieren und in dünne Streifen schneiden. In einer Pfanne 3 Eßlöffel Öl erhitzen und die Zwiebelstreifen darin unter Rühren etwa 10 Minuten dünsten, dann beiseite stellen. Die Eier pellen und mit einem Eierschneider in Scheiben schneiden.

**3** Den Vorteig zusammen mit Öl, Salz und dem restlichen Wasser zu einem geschmeidigen Teig verkneten. Diesen mit etwas Mehl bestäuben, mit einem Tuch abdecken und an einem warmen Ort etwa 40 Minuten gehen lassen.

**4** Die Petersilie von den Stengeln zupfen, waschen, trockentupfen und fein wiegen. Den Mozzarella der Länge nach halbieren und quer in dünne Scheiben schneiden.

**5** Den Backofen auf 220°C vorheizen und 1 Backblech mit Öl bepinseln. Den Teig auf einer bemehlten Arbeitsfläche auf Backblechgröße auswellen und so auf das Backblech legen, daß ein Teil zur Seite hin überhängt. Das Tomatenmark mit dem restlichen Öl verrühren.

**6** Die auf dem Blech liegende Teighälfte mit der Tomatenmark-Öl-Mischung dünn bestreichen. Dabei einen schmalen Rand freilassen. Die Hälfte der Zwiebeln darauf geben. Einen Teil der Ei- und Mozzarellascheiben sowie der Petersilie darauflegen. Mit den restlichen Zutaten ebenso verfahren. Die einzelnen Schichten leicht salzen und pfeffern.

**7** Die zweite Teighälfte über den Belag schlagen und die Teigränder fest zusammendrücken. Das Eigelb zusammen mit dem Öl verrühren und die Teigoberfläche damit bepinseln.

**8** Die Pizza auf der mittleren Schiene in etwa 30 Minuten goldgelb backen, herausnehmen und vor dem Anschneiden einige Minuten ruhen lassen.

### BEILAGENTIP

**Reichen Sie zu dieser außergewöhnlichen Pizza reichlich schwarze und grüne Oliven.**

## VEGETARISCHE PIZZEN

### REZEPTVARIATIONEN

◆ Wenn Sie es herzhaft mögen, geben Sie etwa 75 g Salamiwürfelchen unter die Zwiebelmischung.

◆ Wer es scharf mag, kann einige scharfe Peperoni kleinhacken und diese unter die Zwiebeln geben.

◆ Anstelle des Mozzarellas kann die gleiche Menge in Öl eingelegter Schafskäse oder würziger Camembert genommen werden. Diese Käsesorten dann aber würfeln.

### GETRÄNKETIP

Zu dieser ländlichen Pizzaversion sollten Sie einen leichten Landwein servieren.

### PRAKTISCHER TIP

Die Pizza läßt sich auch als Blechpizza zubereiten. Die Eierscheiben erst nach der Hälfte der Backzeit auf die Zwiebeln geben, etwa 325 g Mozzarellascheiben (etwa 3 Kugeln) darauf verteilen.

# GRÜNE CALZONE

## Infoblock

- Für 1 Backblech (ca. 30 x 40 cm)
- Arbeitszeit: ca. 1¼ Stunden
- Zeit zum Gehen: ca. 1½ Stunden
- Garzeit: ca. 10 Minuten
- Backzeit: 30 bis 35 Minuten
- 4 Portionen
- ca. 1080 kcal je Portion

## Zutaten

### Für den Teig

400 g Weizenmehl
1 gestr. TL Zucker
½ Hefewürfel (ca. 20 g)
ca. 6 EL lauwarme Milch
150 g zimmerwarme Butter
3 frische Eier
1 gestr. TL Salz
etwas weiche Butter für das Backblech

### Für die Füllung

ca. 300 g Pizzatomaten aus der Dose, etwas Salz
gem. schwarzer Pfeffer
1 Bund Basilikum
200 g grüne, entsteinte Oliven
250 g Mozzarella
2 grüne Paprikaschoten
1 mittelgroßer Zucchino
50 g geriebener Parmesan
1 frisches Eigelb

---

**1** Das Mehl in eine Schüssel sieben und eine Vertiefung hineindrücken. Zucker und Hefe in der Milch auflösen und alles in die Mulde gießen. Das Ganze mit etwas Mehl bestäuben, mit einem Tuch abdecken und an einem warmen Ort etwa 30 Minuten gehen lassen.

**2** Die Tomaten etwas zerkleinern, zusammen mit dem Tomatensaft in einen Topf geben, das Ganze in etwa 10 Minuten dicklich einkochen lassen, salzen und pfeffern. Die Basilikumblätter von den Stengeln zupfen, waschen, trockentupfen und fein hacken. Die Oliven halbieren.

**3** Den Vorteig zusammen mit den restlichen Zutaten zu einem geschmeidigen Teig verkneten. Diesen mit etwas Mehl bestäuben, mit einem Tuch abdecken und etwa 60 Minuten gehen lassen. Den Mozzarella in Scheiben schneiden.

**4** Den Backofen auf 220°C vorheizen und 1 Backblech mit Butter bestreichen. Die Paprikaschoten waschen, trockenreiben, halbieren, entkernen und quer in hauchdünne Streifen schneiden. Den Zucchino putzen, waschen, trockenreiben und der Länge nach in etwa ½ cm dicke Scheiben schneiden. Die Scheiben quer in schmale Stifte schneiden.

**5** Den Teig in 2 Portionen teilen, auf einer bemehlten Arbeitsfläche zu 2 ovalen Teigstücken (etwa ½ cm dick) auswellen und zunächst einen Teigboden auf das Backblech setzen. Auf eine Teighälfte die Hälfte der Tomatenmasse streichen, die Hälfte des Gemüses sowie des Basilikums darauf verteilen und das Ganze mit der halben Käsemenge belegen bzw. bestreuen. Dabei einen schmalen Rand freilassen.

**6** Die zweite Teighälfte darüberklappen und die Teigränder fest zusammendrücken. Den zweiten Teigfladen daneben auf das Blech setzen und auf die gleiche Weise füllen. Das Eigelb mit etwas Wasser verquirlen und die Teigtaschen damit bestreichen.

**7** Die Calzoni auf der mittleren Schiene 30 bis 35 Minuten backen. In den letzten 5 bis 10 Minuten den Ofen auf 180°C herunterschalten. Die Pizzen vor dem Servieren kurz ruhen lassen.

### REZEPTVARIATIONEN

◆ Wenn Sie es gern etwas kräftiger mögen, dann tauschen Sie den Mozzarella gegen etwa 150 g jungen Pecorino (Hartkäse aus Italien) oder etwa 200 g Gorgonzola (Blauschimmelkäse aus Italien) aus. Den Pecorino in feine Streifen schneiden und den Gorgonzola mit einer Gabel grob zerteilen.

# VEGETARISCHE PIZZEN

◆ Für Nichtvegetarier empfehlen wir eine Variante mit etwa 75 g Salami in feinen Streifen. Den Parmesan dann weglassen, sonst schmeckt die Calzone zu salzig.

### GETRÄNKETIP

Sie sollten einen leichten, fruchtigen Rotwein (Zimmertemperatur) zu der Calzone mit milder Füllung servieren.

# CALZONE MIT BLÄTTERTEIG

## Infoblock

- Für 2 Calzone
- Arbeitszeit: ca. 30 Minuten
- Backzeit: ca. 25 Minuten
- 2-4 Portionen
- ca. 1240 kcal je Portion

## Zutaten

### Für die Füllung

500 g frischer Spinat
etwas Salz
300 g Ricotta (italienischer Frischkäse)
2 frische Eier
2 durchgepreßte Knoblauchzehen
150 g frisch geriebener Pecorino (italienischer Hartkäse), ersatzweise Parmesan
1 TL Olivenöl
frisch gemahlener schwarzer Pfeffer nach Belieben

### Für den Teig

2 runde Blätterteigpizzaböden (ca. 32 cm ø) aus der Kühltheke

### Außerdem

etwas flüssige Butter für das Backblech
etwas Weizenmehl für die Arbeitsfläche
1 frisches Eigelb
1 EL Olivenöl

---

**1** Den Spinat verlesen, waschen, von festen Stielen und Blattrippen befreien und in reichlich kochendem Salzwasser etwa 1 Minute blanchieren, herausnehmen, mit kaltem Wasser abschrecken und in einem Sieb sehr gut abtropfen lassen.

**2** Den Ricotta zusammen mit den Eiern und dem Knoblauch verrühren. Den Pecorino sowie das Öl darunterrühren. Die Masse leicht salzen und pfeffern. Den Spinat mit den Händen kräftig ausdrücken, fein hacken und unter die Käsemasse heben.

**3** Den Backofen auf 220°C vorheizen und 1 Backblech mit Butter bestreichen. Die Blätterteigböden auf eine bemehlte Arbeitsfläche legen und zur Hälfte mit der Spinat-Käse-Masse bestreichen. Dabei einen schmalen Rand freilassen. Diesen mit etwas Wasser anfeuchten. Die anderen Teighälften darüberschlagen und die Teigränder fest zusammendrücken.

**4** Die beiden Teigtaschen mit zwei Pfannenhebern vorsichtig nebeneinander auf das Backblech setzen. Das Eigelb zusammen mit dem Öl verquirlen und die gefüllten Pizzen an der Oberseite damit bepinseln.

**5** Die Calzoni auf der mittleren Schiene etwa 25 Minuten backen, herausnehmen und vor dem Servieren kurz ruhen lassen.

## REZEPTVARIATIONEN

◆ Statt des Blätterteigs können Sie auch einen klassischen Pizzahefeteig wählen. Bereiten Sie den Teig der Calzone alla Lucana (S. 36) zu, rollen 2 oder 4 ovale Teigfladen aus und füllen diese wie angegeben. Zum Bestreichen nur Olivenöl verwenden. Die Backzeit der Hefeteigpizzen beträgt etwa 30 Minuten.

◆ Wenn Sie es herzhaft mögen, schneiden Sie etwa 100 g mageres Dörrfleisch ohne Schwarte in kleine Würfel, lassen diese in einer Pfanne aus, geben sie zum Abtropfen in ein Metallsieb und rühren das Ganze unter die Käse-Spinat-Masse. Die Pecorinomengen sollten Sie in diesem Fall auf etwa 100 g reduzieren.

## GETRÄNKETIP

Probieren Sie zur knusprigen Calzone einen fruchtigen, gut gekühlten Weißwein, wie z. B. einen Bianco di Pitigliano aus der südlichen Toskana.

## VEGETARISCHE PIZZEN

# VOLLKORN-KNOBLAUCH-PIZZA

## Infoblock

- Für 1 Backblech (ca. 30 x 40 cm) oder 4 runde Pizzen (ca. 20 cm ø)
- Arbeitszeit: ca. 40 Minuten
- Zeit zum Gehen: ca. 60 Minuten
- Garzeit: ca. 20 Minuten
- Backzeit: ca. 25 Minuten
- 4 Portionen
- ca. 840 kcal je Portion

## Zutaten

### Für den Teig

500 g Weizenvollkornmehl
ca. ¼ l lauwarmes Wasser
1 gestr. TL Zucker
1 Hefewürfel (ca. 40 g)
2 EL Olivenöl
1 gestr. TL Salz
etwas Olivenöl für das Backblech

### Für den Belag

10 frische Knoblauchzehen (nach Belieben auch mehr)
6 EL Olivenöl
ca. 800 g Pizzatomaten (2 kleine Dosen)
1 EL getr. italienische Kräuter
etwas Salz
gem. schwarzer Pfeffer
100 g frisch geriebener Parmesan

---

**1** Das Vollkornmehl in eine Schüssel sieben, eine Vertiefung hineindrücken, etwa die Hälfte des Wassers hineingießen, den Zucker dazugeben, die Hefe hineinbröckeln und darin auflösen. Das Ganze mit etwas Mehl bestäuben, mit einem Tuch abdecken und an einem warmen Ort etwa 20 Minuten gehen lassen.

**2** Den Knoblauch schälen und fein hacken. In einem Topf etwa 3 Eßlöffel Öl erhitzen, den Knoblauch darin glasig dünsten und die Pizzatomaten hinzufügen. Das Ganze mit den Kräutern, etwas Salz und Pfeffer würzen, bei milder Hitze etwa 15 Minuten leise köcheln lassen.

**3** Den Vorteig zusammen mit dem restlichen Wasser, dem Öl und dem Salz zu einem geschmeidigen Teig verkneten. Diesen mit etwas Mehl bestäuben, mit einem Tuch abdecken und an einem warmen Ort etwa 40 Minuten gehen lassen.

**4** Den Backofen auf 220°C vorheizen und 1 oder 2 Backbleche mit Öl bepinseln. Den Teig auf einer bemehlten Arbeitsfläche rund (viermal etwa 20 cm ø) oder eckig (Backblechgröße) auswellen, auf 1 bzw. 2 Backbleche legen und die Teigränder etwas hochziehen.

**5** Den Teigboden löffelweise mit der Knoblauch-Tomaten-Sauce bestreichen. Den Parmesan darüberstreuen und alles mit dem restlichen Öl beträufeln.

**6** Die Pizza auf der mittleren Schiene etwa 25 Minuten backen. Bei 4 runden Pizzen die beiden Bleche nacheinander abbacken.

### REZEPTVARIATIONEN

- Erweitern Sie den Pizzabelag ganz individuell nach Ihren Vorlieben oder nach dem jeweils aktuellen Kühlschrankinhalt. Vielleicht haben Sie gerade noch Oliven, Peperoni, Sardellen, Kapern oder verschiedene Käseecken übrig. Wagen Sie Ihre persönliche Kreation.
- Statt des Parmesan sollten Sie mal andere Hartkäse, wie z. B. einen Pecorino, einen Emmentaler, einen Parmigiano-Reggiano, einen Tiroler Alpkäse oder einen Bergkäse aus dem Allgäu probieren.

### BEILAGENTIP

Zur Knoblauchpizza paßt gut ein Antipasto di mare aus dem Glas (Fertigprodukt).

## AUSSERGEWÖHNLICHE KREATIONEN

### GETRÄNKETIPS

◆ Zu reichlich Knoblauch paßt ein kühles Pils, ein Radler oder eine Weinschorle aus Mineralwasser und trockenem Weißwein.

◆ Bieten Sie nach dem Essen einen Grappa (Branntwein aus Italien) an.

# VOLLKORN-ZWIEBEL-PIZZA

### Infoblock

- **Für 1 Backblech (ca. 30 x 40 cm) oder 4 runde Pizzen (ca. 20 cm ø)**
- **Arbeitszeit: ca. 60 Minuten**
- **Zeit zum Gehen: ca. 60 Minuten**
- **Garzeit: ca. 30 Minuten**
- **Backzeit: ca. 25 Minuten**
- **4 Portionen**
- **ca. 950 kcal je Portion**

### Zutaten

#### Für den Teig

400 g Weizenvollkornmehl
1 EL Honig
gut 150 ml lauwarmes Wasser
1 Hefewürfel (ca. 40 g)
ca. 6 EL Olivenöl
etwas Meersalz
Olivenöl für das Backblech

#### Für den Belag

ca. 800 g Dosentomaten
2 Knoblauchzehen
etwas Meersalz
2 EL frisch gehackter Oregano
gem. schwarzer Pfeffer
500 g Zwiebeln
4 EL Olivenöl, 4 EL Butter
1 TL gemahlener Kümmel
gut 6 EL trockener Weißwein
150 g Schafskäse, in Kräuterolivenöl eingelegt

---

**1** Das Mehl in eine Schüssel geben, eine Vertiefung hineindrücken. Den Honig und die Hefe zusammen mit dem Wasser verrühren und alles in die Mulde gießen. Das Ganze mit etwas Mehl bestäuben, mit einem Tuch abdecken und an einem warmen Ort etwa 20 Minuten gehen lassen.

**2** Die Tomaten in kleine Stücke schneiden und zusammen mit dem Tomatensaft in einen Topf geben. Den Knoblauch dazupressen, alles aufkochen und mit Salz, Oregano sowie Pfeffer würzen. Das Tomatenmus etwa 20 Minuten einköcheln lassen. Zwischendurch immer wieder umrühren.

**3** Den Vorteig zusammen mit dem Öl und dem Salz zu einem geschmeidigen Teig verkneten. Das Ganze mit etwas Mehl bestäuben und an einem warmen Ort etwa 40 Minuten gehen lassen.

**4** Die Zwiebeln schälen, halbieren und in feine Streifen schneiden. In einer großen Pfanne das Öl und die Butter erhitzen. Die Zwiebeln hineingeben, mit Kümmel, Salz und Pfeffer kräftig würzen und anbraten. Das Ganze mit dem Wein ablöschen, unter Rühren etwa 10 Minuten dünsten und beiseite stellen.

**5** Den Backofen auf 220°C vorheizen und 1 oder 2 Backbleche mit etwas Öl bepinseln. Den Teig auf einer bemehlten Arbeitsfläche, eckig (Backblechgröße) oder rund (viermal etwa 20 cm ø) auswellen, auf 1 bzw. 2 Backbleche legen und die Teigränder etwas hochziehen.

**6** Das Tomatenmus auf den Teigboden streichen und alles gleichmäßig mit den Zwiebeln belegen. Das in der Pfanne zurückbleibende Fett darüberträufeln. Die Pizza auf der mittleren Schiene etwa 10 Minuten vorbacken.

**7** In der Zwischenzeit den Schafskäse mit einer Gabel fein zerbröckeln. Die Pizza aus dem Ofen nehmen, mit dem Käse belegen und diesen mit etwa 2 Eßlöffeln von dem Kräuteröl beträufeln. Die Pizza zurück in den Ofen schieben und in etwa 15 Minuten fertigbacken. Bei 4 runden Pizzen die beiden Bleche nacheinander abbacken.

### REZEPTVARIATION

Etwa 75 g schwarze Oliven entsteinen, hacken und unter die Zwiebeln geben.

### BEILAGENTIPS

- Zu der würzigen Pizza paßt eine Möhrenrohkost mit Zitronensaft und Sonnenblumenöl.

## AUSSERGEWÖHNLICHE KREATIONEN

◆ Probieren Sie mal einen Brunnenkressesalat. Dazu etwa zwei Handvoll Brunnenkresse verlesen, putzen, waschen, trockenschleudern und mit einer Salatsauce aus 4 Eßlöffeln Kürbiskernöl, 2 Eßlöffeln Rotweinessig, etwas Meersalz und einer Prise Cayennepfeffer anmachen.

### GETRÄNKETIPS

◆ Erkundigen Sie sich in Ihrem Naturkostladen oder im Weinladen nach biologisch angebauten Weinen. Bevorzugen Sie einen trockenen Weißwein.

◆ Gut paßt auch ein Glas Federweißer oder Traubensaft.

# VOLLKORN-KRÄUTER-PIZZA

## Infoblock

- Für 4 runde Pizzen (ca. 20 cm ø)
- Arbeitszeit: ca. 50 Minuten
- Quellzeit: ca. 15 Minuten
- Zeit zum Gehen: ca. 60 Minuten
- Backzeit: ca. 40 Minuten
- 4 Portionen
- ca. 810 kcal je Portion

## Zutaten

### Für den Teig

100 g Haferflocken
200 ml kochendes Wasser
ca. 200 ml lauwarmes Wasser
400 g Weizenvollkornmehl
1 Hefewürfel (ca. 40 g)
1 EL Honig
½ TL Meersalz
Olivenöl für das Backblech

### Für den Belag

600 g vollreife Tomaten, vorzugsweise Eiertomaten
1 großes Bund gemischte Kräuter (z. B. Basilikum, Thymian, Oregano, Rosmarin, Blattpetersilie)
4 durchgepreßte Knoblauchzehen
4 EL Olivenöl
etwas Meersalz
150 g frisch geriebener Greyerzer oder Appenzeller

---

**1** Die Haferflocken mit dem kochenden Wasser begießen, alles umrühren und in etwa 15 Minuten ausquellen lassen. Das Mehl in eine Schüssel geben und eine Mulde hineindrücken. Die Hefe in das lauwarme Wasser bröckeln, alles zusammen mit dem Honig verrühren und in die Mulde gießen. Das Ganze mit etwas Mehl bestäuben, mit einem Tuch abdecken und an einem warmen Ort etwa 20 Minuten gehen lassen.

**2** Die Tomaten kreuzweise einritzen, von den Stielansätzen befreien, in kochendem Wasser kurz überbrühen, kalt abschrecken, enthäuten und in nicht zu dünne Scheiben schneiden. Die Kräuterblätter abzupfen, waschen, trockentupfen und fein wiegen.

**3** Die Haferflocken zusammen mit dem Vorteig und dem Salz zu einem geschmeidigen Teig verkneten. Diesen mit etwas Mehl bestäuben, mit einem Tuch abdecken und an einem warmen Ort etwa 40 Minuten gehen lassen.

**4** Knoblauch und Kräuter zusammen mit dem Öl verrühren. Den Backofen auf etwa 210°C vorheizen und 2 Backbleche mit Öl bepinseln. Den Teig auf einer bemehlten Arbeitsfläche rund (viermal etwa 20 cm ø) auswellen, auf 2 Backbleche legen und die Teigränder etwas hochziehen.

**5** Den Teigboden mit der Hälfte des Kräuter-Knoblauch-Öls einpinseln. Die Tomatenscheiben darauf verteilen, leicht salzen und mit dem restlichen Öl beträufeln. Den Käse darüberstreuen.

**6** Die Pizza auf der mittleren Schiene in etwa 40 Minuten knusprig backen. Die beiden Bleche nacheinander abbacken.

### REZEPTVARIATIONEN

- Der Pizzabelag kann um etwa 100 g Kochschinkenstreifen, 150 g Thunfisch (in Öl eingelegt), 75 g Salamistreifen oder etwa 200 g gekochte Garnelen erweitert werden.
- Statt Greyerzer oder Emmentaler können Sie die gleiche Menge Gouda, Raclette, jungen Pecorino (italienischer Hartkäse) oder 250 g Mozzarella in Scheiben verwenden.

### GETRÄNKETIPS

- Für die Erwachsenen einen Apfelwein oder ein Cidre servieren.
- Für Kinder eine Apfelschorle, halb Apfelsaft und halb Mineralwasser,

# AUSSERGEWÖHNLICHE KREATIONEN

# MAISGRIESPIZZA

## Infoblock

- Für 1 Backblech (ca. 30 x 40 cm)
- Arbeitszeit: ca. 50 Minuten
- Zeit zum Gehen: ca. 60 Minuten
- Backzeit: ca. 30 Minuten
- 4 Portionen
- ca. 900 kcal je Portion

## Zutaten

### Für den Teig

300 g doppeltgriffiges Weizenmehl
200 g Maisgries (Polenta)
1 Hefewürfel (ca. 40 g)
ca. ¼ l lauwarmes Wasser
1 EL Honig
1 gestr. TL Meersalz
1 EL Olivenöl

### Für den Belag

600 g vollreife Tomaten
½ Bund Basilikum
3 EL Olivenöl
etwas Meersalz
frisch gemahlener schwarzer Pfeffer nach Belieben
250 g Mozzarella
150 g schwarze Oliven

### Außerdem

etwas Olivenöl für das Backblech

---

**1** Weizenmehl sowie Maisgrieß in einer Schüssel vermischen und eine Vertiefung hineindrücken. Die Hefe in das Wasser bröseln und alles zusammen mit dem Honig verrühren. Das Ganze in die Mulde gießen, mit etwas Mehl bestäuben, mit einem Tuch abdecken und an einem warmen Ort etwa 20 Minuten gehen lassen.

**2** Die Tomaten kreuzweise einritzen, von den Stielansätzen befreien, kurz in kochendem Wasser überbrühen, abschrecken, enthäuten und in kleine Würfel schneiden. Die Basilikumblätter von den Stengeln zupfen, waschen, trockentupfen, in ganz feine Streifen schneiden, zu den Tomatenwürfeln geben und alles mit dem Öl vermengen.

**3** Den Backofen auf etwa 210°C vorheizen. Ein Backblech mit Öl bepinseln. Den Vorteig zusammen mit dem Salz und dem Öl zu einem geschmeidigen Teig verkneten. Diesen mit etwas Mehl bestäuben, mit einem Tuch abdecken und an einem warmen Ort etwa 40 Minuten gehen lassen.

**4** Den Teig auf einer bemehlten Arbeitsfläche mit den Händen flach drücken, auf das Backblech heben und mit einem bemehlten Nudelholz auswellen. Die Teigränder etwas hochziehen. Die Tomatenmischung gleichmäßig auf dem Teig verteilen, salzen und pfeffern.

**5** Den Mozzarella erst in dünne Scheiben und diese in schmale Streifen schneiden. Die Mozzarellastreifen sowie die Oliven auf dem Tomatenbelag gleichmäßig verteilen.

**6** Die Pizza auf der unteren Schiene etwa 30 Minuten goldgelb backen.

### REZEPTVARIATIONEN

- Je nach Belieben verschieden frische Kräuter, wie z. B. Oregano, Thymian, Rosmarin oder Kerbel, anstelle des Basilikums verwenden.
- Sie können den Pizzabelag nach Lust und Laune um Ihre Lieblingszutaten, wie z. B. Kochschinken, Salami, grüne Oliven, Paprikastreifen, Artischockenherzen, Kapern oder Sardellen, erweitern.

### BEILAGENTIP

Reichen Sie zu dieser nicht alltäglichen Pizzavariation einen außergewöhnlichen Salat, wie z. B. einen Gurkensalat mit Bärlauch. Dazu 300 g Vollmilchjoghurt mit 1 Eßlöffel Crème fraîche, 2 Eßlöffeln Olivenöl und 1 Eßlöffel Weißweinessig verrühren. 50 g Bärlauch waschen, trockentupfen und fein hacken. Eine Salatgurke waschen, trockenreiben, eventuell schälen, fein raspeln, gut ausdrücken und zusammen mit dem Bärlauch zum Dressing geben.

## AUSSERGEWÖHNLICHE KREATIONEN

### GETRÄNKETIPS

◆ Als Aperitif sollten Sie einen gut gekühlten Schaumwein mit Pfirsichgeschmack servieren.

◆ Zum Essen paßt ein Chianti.

### PRAKTISCHER TIP

Doppeltgriffiges Mehl ist ein Spezialmehl für Hefeteige. Der Feinheitsgrad seiner Körnung liegt zwischen dem von Grieß und herkömmlichem Mehl.

# ZWIEBEL-LAUCH-PIZZA

## Infoblock

- Für 1 Backblech (ca. 30 x 40 cm)
- Arbeitszeit: ca. 60 Minuten
- Zeit zum Kühlen: ca. 2 Stunden
- Garzeit: ca. 7 Minuten
- Backzeit: ca. 30 Minuten
- 4 Portionen
- ca. 1250 kcal je Portion

## Zutaten

### Für den Teig

400 g Weizenmehl
200 g zimmerwarme Butter
1 gestr. TL Salz
2 frische Eier
3 EL kaltes Wasser
etwas weiche Butter für das Backblech

### Für den Belag

100 g geräucherter Schinkenspeck ohne Schwarte
2 mittelgroße Stangen Lauch
300 g Perlzwiebeln aus dem Glas
3 EL Butter
100 g saure Sahne
1 frisches Ei
1 EL frisch gehackter Oregano
etwas Salz
gem. schwarzer Pfeffer
5 EL Olivenöl
100 g geriebener Parmesan

**1** Das Mehl auf eine Arbeitsfläche sieben, die Butter in Flöckchen darauf legen. Das Ganze zusammen mit Salz, Eiern und Wasser rasch zu einem glatten Teig verkneten. Diesen zu einem Kloß formen, in Klarsichtfolie wickeln und für 2 Stunden in den Kühlschrank legen.

**2** Den Schinkenspeck kleinwürfeln. Die Lauchstangen der Länge nach halbieren, unter fließendem Wasser zwischen den Blattschichten gut säubern, trockentupfen und in ganz dünne Streifen schneiden. Die Zwiebeln gut abtropfen lassen und halbieren.

**3** In einer Pfanne die Butter erhitzen. Nacheinander Schinkenspeck, Lauchstreifen und Zwiebeln hineingeben und das Ganze einige Minuten dünsten. Das Ganze beiseite stellen und kurz abkühlen lassen, dann mit Sahne, Ei, Oregano, Salz, Pfeffer und Öl verfeinern und zuletzt den Parmesan darunterrühren.

**4** Den Backofen auf etwa 210°C vorheizen und 1 Backblech mit Butter einfetten. Den Mürbeteig auf einer bemehlten Arbeitsfläche durchkneten, auf Backblechgröße auswellen und vorsichtig auf das Backblech heben. Die Teigränder etwas hochziehen. Dann den Boden mit einer Gabel mehrmals einstechen.

**5** Den vorbereiteten Belag gleichmäßig auf dem Teigboden verteilen. Die Pizza auf der mittleren Schiene etwa 30 Minuten backen, herausnehmen und vor dem Anschneiden kurz ruhen lassen.

## REZEPTVARIATIONEN

- Der Mürbeteig kann auch aus Weizenvollkornmehl hergestellt werden. Sie müssen dann je nach Mehl etwas mehr Butter und etwas mehr Wasser nehmen.
- Den Belag mit süßer Sahne und geriebenem Edamer, Emmentaler oder Gouda anstatt mit saurer Sahne und Parmesan herstellen.
- Geben Sie zur Abwechslung mal etwa 75 g entsteinte, grob gehackte, schwarze Oliven unter die Lauch-Speck-Mischung.

## GETRÄNKETIP

Zu dieser deftigen Pizza paßt ein gut gekühlter, trockener Weißwein, z. B. ein Soave aus Verona oder ein Frascati, der bekannte Wein von den Hügeln rund um Rom.

**AUSSERGEWÖHNLICHE KREATIONEN**

# PIZZA MIT DREIERLEI KÄSESORTEN

### Infoblock

- Für 1 Backblech (ca. 30 x 40 cm)
- Arbeitszeit: ca. 40 Minuten
- Garzeit: ca. 5 Minuten
- Backzeit: ca. 20 Minuten
- 4 Portionen
- ca. 840 kcal je Portion

### Zutaten

#### Für den Belag

2 mittelgroße Zwiebeln
1 Bund Blattpetersilie
150 g Kochschinken in Scheiben
2 EL Butter
100 g Gorgonzola (italienischer Blauschimmelkäse)
150 g Bel Paese (italienischer Schnittkäse)
ca. 75 g Edamer
1 frisches Eigelb
1 EL Olivenöl

#### Für den Teig

300 g aufgetauter TK-Blätterteig (1 Packung)

#### Außerdem

etwas weiche Butter für das Backblech
etwas Weizenmehl zum Ausrollen und für das Backblech

---

**1** Die Zwiebeln schälen und ganz fein würfeln. Die Petersilienblätter von den Stengeln zupfen, waschen, trockentupfen und fein wiegen. Den Backofen auf gut 220°C vorheizen, 1 Backblech mit Butter einfetten und mit Mehl bestäuben.

**2** Den Schinken in dünne Streifen schneiden. In einer Pfanne die Butter erhitzen. Zwiebelwürfel und Schinkenstreifen darin unter Rühren andünsten. Zuletzt die Petersilie darunterheben, das Ganze noch etwa 1 Minute erhitzen und dann beiseite stellen.

**3** Den Gorgonzola mit einer Gabel in kleine Stücke zerteilen. Die beiden anderen Käsesorten fein reiben.

**4** Die Blätterteigplatten auf einer bemehlten Arbeitsfläche leicht überlappend auslegen und auf Backblechgröße auswellen. Das Ganze vorsichtig auf das Blech heben und zurechtrücken. Eigelb und Öl miteinander verrühren und den Teigboden damit bestreichen, dabei besonders die Teigränder berücksichtigen. Die Zwiebel-Schinken-Mischung darauf verteilen und die vorbereiteten Käsesorten gleichmäßig auf den Belag geben.

**5** Die Blätterteigpizza auf der mittleren Schiene in etwa 20 Minuten knusprig backen.

---

### GETRÄNKETIPS

◆ Als Aperitif sollten Sie einen Sekt mit Pfirsichgeschmack servieren. Dazu in 4 Sektschalen je 1 Eßlöffel Pfirsichnektar geben und das Ganze mit einem eisgekühlten, trockenen Rieslingsekt aufgießen. Zuvor 1 bis 2 feste, reife Pfirsiche kurz in kochendes Wasser tauchen, enthäuten, entsteinen und in kleine Würfel schneiden. Die Fruchtwürfel auf 4 Cocktailspieße stecken und diese vorsichtig in die Gläser tauchen.

◆ Zur Pizza einen gut gekühlten Roséwein, z. B. einen Weißherbst aus der Pfalz, reichen.

### PRAKTISCHE TIPS

◆ Verwenden Sie statt TK-Blätterteig 2 runde Blätterteigpizzaböden (ca. 30 cm) aus der Kühltheke. Backen Sie die Pizzen nacheinander auf 2 Blechen. Den Teig nicht mehr ausrollen.

◆ Aus der Kühltheke gibt es hellen Blätterteig und dunklen Vollkornblätterteig. Letzterer hat einen herzhaft nussigen Geschmack. Wählen Sie nach Ihren Vorlieben.

# AUSSERGEWÖHNLICHE KREATIONEN

# OLIVEN-SCHAFSKÄSE-PIZZA

## Infoblock

- **Für 1 Backblech** (ca. 30 x 40 cm)
- **Arbeitszeit:** ca. 60 Minuten
- **Zeit zum Ruhen:** ca. 45 Minuten
- **Backzeit:** ca. 30 Minuten
- **4 Portionen**
- **ca. 1140 kcal je Portion**

## Zutaten

### Für den Teig

400 g Weizenmehl
80 g Butter
1 frisches Ei
1 gestr. TL Salz
ca. 200 ml lauwarmes Wasser

### Für den Belag

150 g schwarze Oliven
1 Bund Blattpetersilie
400 g Schafskäse, in Lake eingelegt
1 frisches Ei
150 g süße Sahne
etwas Salz
frisch gemahlener schwarzer Pfeffer nach Belieben
1 frisches Eigelb
1 EL Wasser
2 EL Olivenöl

### Außerdem

etwas flüssige Butter für das Backblech

---

**1** Das Mehl auf eine Arbeitsplatte sieben. Etwa 50 g Butter in Stückchen schneiden und zusammen mit dem Ei sowie dem Salz unter das Mehl mischen. Nach und nach das Wasser darunterkneten und einen geschmeidigen Teig herstellen. Diesen mit einem Tuch abdecken und etwa 30 Minuten ruhen lassen.

**2** Die Oliven halbieren und entsteinen. Die Petersilienblättchen von den Stengeln zupfen, waschen, trockentupfen und fein wiegen.

**3** Den Schafskäse in eine Schüssel bröseln und mit der Gabel fein zerdrücken. Das Ei, die Petersilie sowie die Sahne darunterrühren. Das Ganze nur leicht salzen und pfeffern.

**4** Den Teig in 5 Portionen teilen. Jede auf einer bemehlten Arbeitsfläche zu einem Rechteck (etwa 20 x 20 cm) auswellen. Die restliche Butter schmelzen lassen, 4 der 5 Teigfladen damit bepinseln und so übereinanderlegen, daß ein nicht bestrichener Teigfladen obenauf liegt. Das Ganze mit einem Tuch abdecken und etwa 15 Minuten ruhen lassen.

**5** Den Backofen auf etwa 210°C vorheizen und 1 Backblech mit Butter einfetten. Den Teig auf Backblechgröße auswellen, vorsichtig in das Blech heben und die Teigränder etwas hochziehen.

**6** Das Eigelb mit dem Eßlöffel Wasser verquirlen und den Teig damit bepinseln. Die Oliven darauf verteilen. Die Käse-Sahne-Mischung gleichmäßig auf den Teig geben. Das Ganze mit dem Öl beträufeln.

**7** Die Pizza auf der mittleren Schiene in etwa 30 Minuten knusprig backen.

### REZEPTVARIATIONEN

◆ Die Schafskäsemischung können Sie nach Belieben mit reichlich frisch gehacktem Knoblauch abschmecken.

◆ Etwa 200 g gemischtes Hackfleisch zusammen mit 1 gehackten Zwiebel in etwas Olivenöl krümelig anbraten. Eventuell austretenden Fleischsaft weggießen und die trockene Hackfleischmischung unter die Käse-Sahne-Masse mengen. Bei dieser Variante nur etwa 200 g Schafskäse und etwa 80 g Sahne verwenden.

◆ Anstelle der Petersilie kann auch Oregano, Majoran, Rosmarin oder Salbei verwendet werden.

# AUSSERGEWÖHNLICHE KREATIONEN

### BEILAGENTIP

Zu dieser leckeren Pizza passen eingelegte Peperoni sowie ein Weißkrautsalat.

### GETRÄNKETIPS

◆ Die Pastetenteigpizza ist türkischen Ursprungs, und daher empfehlen wir einen heißen oder einen kalten Pfefferminztee.

◆ Als Digestif ist ein Raki (türkischer Branntwein) passend.

# HACKFLEISCHPIZZA

## Infoblock

- Für 4 runde Pizzen (ca. 18 cm ø)
- Arbeitszeit: ca. 40 Minuten
- Kühlzeit: ca. 2 Stunden
- Backzeit: 35 bis 40 Minuten
- 4 Portionen
- ca. 1390 kcal je Portion

## Zutaten

### Für den Teig

400 g Weizenmehl
knapp 200 g zimmerwarme Butter
1 gestr. TL Salz
1 frisches Ei
2 EL kaltes Wasser
etwas weiche Butter für das Backblech
ca. 1 EL Olivenöl für die Teigränder

### Für den Belag

1 große Zwiebel
3 EL Olivenöl
400 g gemischtes Hackfleisch
1 EL Tomatenmark
⅛ l Rotwein, etwas Salz
gem. schwarzer Pfeffer
1 TL getrockneter Oregano
200 g saure Sahne
200 g geriebener Pizzakäse
(Fertigmischung aus halb Mozzarella und halb Gouda)

**1** Das Mehl auf eine Arbeitsplatte sieben. Die Butter in Flöckchen, Salz, Ei und Wasser hinzugeben. Alles rasch zu einem glatten Teig verarbeiten. Diesen zu einem Kloß formen und in Klarsichtfolie einwickeln. Den Teig dann für etwa 2 Stunden in den Kühlschrank legen.

**2** Die Zwiebel schälen und fein hacken. In einem Topf das Öl erhitzen. Die Zwiebelwürfel darin glasig dünsten, das Hackfleisch dazugeben, unter Rühren krümelig anbraten, dann das Tomatenmark dazugeben. Alles stark erhitzen, mit dem Wein ablöschen, salzen, pfeffern und mit Oregano würzen, dann bei milder Hitze etwa 10 Minuten köcheln lassen.

**3** Den Backofen auf 200°C vorheizen und 2 Backbleche mit Butter einfetten. Den Mürbeteig auf einer bemehlten Arbeitsfläche kurz durchkneten, rund (viermal etwa 18 cm ø) ausrollen, auf 2 Backbleche legen, die Teigränder etwas hochziehen und den Boden mit einer Gabel mehrmals einstechen.

**4** Die Hackfleisch-Zwiebel-Mischung zusammen mit der Sahne sowie mit dem Käse verrühren und das Ganze gleichmäßig auf dem Teigboden verteilen. Die Teigränder anschließend mit dem Öl bepinseln.

**5** Die Hackfleischpizzen auf der unteren Schiene 35 bis 40 Minuten backen. Die beiden Bleche nacheinander abbacken.

### REZEPTVARIATIONEN

◆ Anstatt der vorgegebenen Hackfleischmenge können Sie auch etwa 200 g gemischtes Hackfleisch und die gleiche Menge Kalbsleber verwenden. Dazu die Leber waschen, trockentupfen, von Häutchen befreien, in kleine Würfel schneiden und zusammen mit dem Hackfleisch braten.

◆ Statt Hackfleisch können Sie die gleiche Menge rohes Bratwurstbrät verwenden. Vorsicht mit Salz und Pfeffer, denn das Brät ist ja bereits gut gewürzt.

◆ Mischen Sie zur Abwechslung mal 100 g entsteinte, grob gehackte Oliven unter die Hackfleisch-Zwiebel-Mischung. Dazu kurz vor Ende der Backzeit einige eingelegte, milde Peperoni auf der Pizza verteilen.

### BEILAGENTIPS

◆ Als Salatbeilage eignen sich frische Blattsalate, wie z. B. Eisberg-, Eichblatt-, Feld- oder Römersalat, mit einer Essig-Öl-Marinade oder mit einem einfachen Joghurtdressing.

◆ Eine herzhaftere Salatvariante ist ein Weißkrautsalat mit Kümmel.

## AUSSERGEWÖHNLICHE KREATIONEN

### GETRÄNKETIPS

◆ Einen eisgekühlten Asti Spumante, einen Schaumwein aus dem Piemont, zum Aperitif servieren. Um in der gleichen Weingegend zu bleiben, würden wir einen entsprechenden Weißwein, wie z. B. einen Cortese di Gavi, empfehlen.

◆ Servieren Sie anschließend einen starken Espresso.

### PRAKTISCHER TIP

Sollten Sie keine Pizzakäsefertigmischung bekommen, so schneiden Sie 125 g Mozzarella (1 Kugel) in Würfelchen und mischen diese mit etwa 175 g geriebenem Gouda.

# KARTOFFEL-SALAMI-PIZZA

## Infoblock

- Für 1 Backblech (ca. 30 x 40 cm)
- Arbeitszeit: ca. 60 Minuten
- Garzeit: ca. 25 Minuten
- Backzeit: ca. 45 Minuten
- 4 Portionen
- ca. 980 kcal je Portion

## Zutaten

### Für den Teig

1 kg festkochende Kartoffeln
etwas Salz
1 große Zwiebel
2 EL Butter
1 frisches Ei
200 g Weizenmehl
50 g saure Sahne
1 Prise frisch geriebene Muskatnuß
etwas weiche Butter und Weizenmehl für das Backblech

### Für den Belag

150 g Tomatenketchup
2 durchgepreßte Knoblauchzehen
3 EL Olivenöl
2 EL frisch gehacktes Basilikum
etwas Salz
gem. schwarzer Pfeffer
250 g Mozzarella
50 g grüne, paprikagefüllte Oliven
200 g dünn geschnittene, milde Salami

**1** Die Kartoffeln waschen, schälen und in gleich große Stücke schneiden, in reichlich Salzwasser gar kochen. Die Zwiebel schälen und fein würfeln. Die Butter erhitzen, die Zwiebelwürfel darin goldgelb dünsten und beiseite stellen.

**2** Den Backofen auf etwa 210°C vorheizen. Die Kartoffeln abgießen und im Topf auf der Herdplatte kurz abdampfen lassen. Die Kartoffeln durch eine Presse drücken und zusammen mit Ei, Mehl, Sahne sowie Zwiebelwürfeln zu einem geschmeidigen Teig verarbeiten. Das Ganze mit Salz und Muskatnuß abschmecken.

**3** Ein Backblech gut mit Butter bestreichen und mit etwas Mehl bestäuben. Den Teig auf das Blech geben und mit einem angefeuchteten Teigschaber glattstreichen. Den Teig auf der mittleren Schiene etwa 25 Minuten vorbacken.

**4** Tomatenketchup zusammen mit Knoblauch, Öl und Basilikum verrühren und das Ganze mit Salz sowie Pfeffer pikant abschmecken. Den Mozzarella in dünne Scheiben schneiden. Die Oliven halbieren oder vierteln. Die Salamischeiben halbieren.

**5** Den Kartoffelteigboden aus dem Ofen nehmen und mit der Tomatensauce bestreichen, gleichmäßig mit Salami und Oliven belegen. Dann den Mozzarella darauf verteilen.

**6** Die Kartoffelteigpizza auf der mittleren Schiene in etwa 20 Minuten fertigbacken.

### BEILAGENTIP

Reichen Sie zu dieser leckeren Pizzavariation einen Lollo Rosso mit einer Marinade aus Aceto Balsamico, erstklassigem Olivenöl und frisch gehacktem Basilikum.

### GETRÄNKETIPS

- Wir empfehlen einen gehaltvollen Rotwein, wie z. B. einen Barolo aus den Weinbergen Piemonts.
- Bierliebhaber sollten ein dunkles Weizenbier wählen.

### PRAKTISCHE TIPS

- Sie können aus dem Teig auch etwa 8 kleine, runde Pizzen (ca. 15 cm ø) formen. Verteilen Sie diese auf 2 gut gefettete Backbleche und backen Sie sie etwa 15 Minuten vor.
- Da der saftige Kartoffelteig leicht am Blech haftet, empfehlen wir Ihnen, mit Backtrennpapier zu arbeiten.

# AUSSERGEWÖHNLICHE KREATIONEN

# KARTOFFEL-SPECK-PIZZA

### Infoblock

- Für 1 Backblech (ca. 30 x 40 cm)
- Arbeitszeit: ca. 60 Minuten
- Garzeit: ca. 30 Minuten
- Backzeit: ca. 35 Minuten
- 4 Portionen
- ca. 970 kcal je Portion

### Zutaten

#### Für den Teig

1 kg mehligkochende Kartoffeln
etwas Salz
1 TL Kümmelsamen
knapp 200 g Weizenmehl
1 frisches Ei
1 Prise frisch geriebene Muskatnuß
etwas Olivenöl für das Backblech

#### Für den Belag

250 g geräucherter Schinkenspeck ohne Schwarte, in dünne Scheiben geschnitten
1 große Zwiebel
4 Knoblauchzehen
2 EL Butter
5 EL Tomatenmark
4 EL Olivenöl
etwas Salz
gem. schwarzer Pfeffer
200 g grob geriebener Käse nach Wahl

**1** Die Kartoffeln waschen, schälen, in gleich große Stücke schneiden, in reichlich Salzwasser zusammen mit dem Kümmel gar kochen.

**2** Den Schinkenspeck in feine Streifen schneiden. Zwiebel und Knoblauch schälen und fein hacken. In einer Pfanne die Butter erhitzen. Zwiebel- und Knoblauchwürfel sowie Speckstreifen darin einige Minuten anbraten und das Ganze beiseite stellen.

**3** Den Backofen auf etwa 210°C vorheizen und ein Backblech gut mit Öl bepinseln. Die Kartoffeln abgießen und im Topf auf der Herdplatte kurz abdampfen lassen, dann durch eine Presse drücken. Die Kartoffelmasse zusammen mit dem Mehl sowie dem Ei zu einem geschmeidigen Teig verkneten. Diesen mit Salz und Muskatnuß abschmecken.

**4** Den Teig auf das Backblech geben und mit einem angefeuchteten Teigschaber glattstreichen. Den Teig auf der mittleren Schiene etwa 15 Minuten vorbacken.

**5** Das Tomatenmark zusammen mit dem Öl verrühren, alles salzen und pfeffern, dann gleichmäßig auf den Teigboden streichen. Die Zwiebel-Speck-Masse darauf verteilen, alles salzen und pfeffern und mit dem Käse bestreuen.

**6** Die Kartoffelteigpizza auf der mittleren Schiene in etwa 20 Minuten fertigbacken.

### REZEPTVARIATIONEN

- Das Tomatenmark je nach Gusto mit frischen oder getrockneten Kräutern, wie z. B. Oregano, Basilikum, Rosmarin oder Thymian, verfeinern.
- Den Kartoffelteig ohne Muskatpulver zubereiten und dafür mit Knoblauchpulver oder frisch gepreßtem Knoblauch verfeinern.
- Wenn Sie mögen, können Sie den Belag mit einigen Oliven und eingelegten Peperoni oder Artischockenherzen anreichern.
- Der Schinkenspeck kann gegen Salami und der Käse gegen in Lake eingelegten Schafskäse ausgetauscht werden. Den Schafskäse in Scheiben oder Würfelchen schneiden.

### BEILAGENTIP

Zur deftigen Pizza eignet sich Friseé-, Endivien- oder Feldsalat mit einer Zwiebel- oder Knoblauchvinaigrette.

### GETRÄNKETIPS

Sie sollten ein kühles Pils oder einen wohl temperierten, italienischen Rotwein servieren. Probieren Sie mal einen Dolcetto aus dem Piemont.

## AUSSERGEWÖHNLICHE KREATIONEN

### PRAKTISCHE TIPS

◆ Sie können aus dem Teig auch etwa 8 kleine, runde Pizzen (ca. 15 cm ø) formen. Verteilen Sie diese auf 2 gut gefettete Backbleche und backen Sie sie etwa 15 Minuten vor.

◆ Da der saftige Kartoffelteig leicht am Blech haftet, empfehlen wir Ihnen, mit Backtrennpapier zu arbeiten.

# CHAMPIGNON-LAUCH-PIZZA

## Infoblock

- Für 1 Backblech (ca. 30 x 40 cm)
- Arbeitszeit: ca. 60 Minuten
- Backzeit: 20 bis 25 Minuten
- 4 Portionen
- ca. 950 kcal je Portion

## Zutaten

### Für den Teig

150 g Magerquark
je 5 EL Milch und Speiseöl, vorzugsweise Sonnenblumenöl
1 frisches Ei
1 gestr. TL Salz
350 g Weizenmehl
1 Päckchen Backpulver
etwas Sonnenblumenöl für das Backblech

### Für den Belag

1 Bund Blattpetersilie
2 kleine Stangen Lauch
etwas Salz
300 g frische, braune Champignons
200 g Kochschinken in Scheiben
2 EL Tomatenketchup
5 EL Olivenöl
frisch gemahlener schwarzer Pfeffer nach Belieben
150 g frisch geriebener Parmesan

**1** In einer Schüssel den Magerquark zusammen mit Milch, Öl, Ei, Salz und der Hälfte des Mehls verrühren. Das restliche Mehl zusammen mit dem Backpulver mischen, durchsieben und rasch unter den Vorteig kneten.

**2** Die Petersilienblätter von den Stengeln zupfen, waschen, trockentupfen und fein wiegen. Die Lauchstangen der Länge nach halbieren, gründlich waschen, quer in dünne Streifen schneiden, kurz in reichlich kochendem Salzwasser blanchieren und abgießen.

**3** Die Champignons mit einem feuchten Tuch abreiben und feinblättrig schneiden. Den Schinken in schmale Streifen schneiden. Den Backofen auf etwa 210°C vorheizen und 1 Backblech mit Öl bepinseln.

**4** Auf einer bemehlten Arbeitsfläche den Quark-Öl-Teig auf Backblechgröße auswellen, auf das Blech legen und zurechtziehen. Ketchup und 2 Eßlöffel Öl miteinander verrühren und die Teigoberfläche damit bestreichen.

**5** Schinkenstreifen, Champignonscheiben sowie Lauchstreifen darauf verteilen. Das Ganze salzen und pfeffern. Das restliche Öl zusammen mit Petersilie verrühren und alles löffelweise über den Belag geben. Den Parmesan darüberstreuen.

**6** Die Pizza auf der mittleren Schiene in 20 bis 25 Minuten knusprig backen.

### REZEPTVARIATION

Quark-Öl-Teig kann nach Belieben gegen einen klassischen Hefeteig (z. B. Rezept „Pizza Margherita", S. 10) oder einen Mürbeteig (z. B. Rezept „Zwiebel-Lauch-Pizza", S. 104) ausgetauscht werden.

### BEILAGENTIP

Probieren Sie einen besonderen Salat zu der Pizza. Dazu 4 kleine Kolben Chicorée putzen, waschen, von den bitteren Stielen befreien und quer in schmale Streifen schneiden. Dann 1 großen, säuerlichen Apfel schälen, fein raspeln und zusammen mit 1 Eßlöffel Zitronensaft und 1 Teelöffel Zucker vermischen. Aus 100 g süßer und 50 g saurer Sahne sowie Salz, Pfeffer, edelsüßem Paprikapulver und 1 Teelöffel scharfem Senf ein Dressing rühren. Die vorbereiteten Zutaten damit vermengen und den Salat mit etwa 1 Eßlöffel Schnittlauchröllchen bestreuen.

### GETRÄNKETIPS

- Für Weintrinker sollten Sie einen Rotwein aus Baden-Württemberg, am besten einen Trollinger, bereithalten.

# AUSSERGEWÖHNLICHE KREATIONEN

# SÜSSE PIZZA

### Infoblock

- **Für 2 runde Pizzen (ca. 32 cm ø)**
- **Arbeitszeit: ca. 30 Minuten**
- **Backzeit: ca. 15 Minuten**
- **8 Portionen**
- **ca. 760 kcal je Portion**

### Zutaten

#### Für den Teig

2 runde Blätterteigpizzaböden aus der Kühltheke (ca. 32 cm ø)

#### Für den Belag

ca. 100 g Aprikosenmarmelade
200 g Marzipanrohmasse
150 g Puderzucker
4 kleine Äpfel (z. B. Golden Delicious)
100 g Mascarpone (italienischer Frischkäse)
2 frische Eier
1 Prise Zimtpulver
1 EL Zucker

#### Außerdem

etwas weiche Butter für die Backbleche

---

**1** Zunächst 2 Backbleche von etwa 30 x 40 cm mit der Butter bestreichen. Die beiden Blätterteigböden auf die Backbleche legen.

**2** Den Backofen auf 220°C vorheizen. Die Aprikosenmarmelade in einen kleinen Topf geben und unter Rühren erwärmen. Die Teigböden mit etwa der Hälfte der Marmelade dünn bestreichen.

**3** Die Marzipanrohmasse zusammen mit dem Puderzucker verkneten und in 2 Stücke teilen. Jedes Stück rund auswellen (ca. 15 cm ø) und in der Mitte der Blätterteigböden plazieren.

**4** Die Äpfel schälen, vierteln, entkernen und quer in hauchdünne Scheibchen schneiden. Diese von der Mitte ausgehend dachziegelartig auf den Böden verteilen. Die Äpfel mit der restlichen Marmelade bepinseln.

**5** Den Mascarpone zusammen mit den Eiern glattrühren. Die Creme mit Zimt und Zucker verfeinern und gleichmäßig auf die Pizza träufeln. Beide nacheinander auf der mittleren Schiene in etwa 15 Minuten goldgelb backen, herausnehmen und vor dem Anschneiden einen Moment ruhen lassen.

---

### REZEPTVARIATIONEN

- Der Pizzabelag kann beliebig variiert werden. Gemischte Beeren (frisch oder tiefgekühlt), frische Birnen, Pfirsiche, Bananen, Pflaumen oder Aprikosen bieten sich ebenso an wie alle Sorten Dosenobst. Letzteres sollten Sie gut abtropfen lassen.
- Wenn Sie es nicht ganz so süß mögen, lassen Sie das Marzipan einfach weg.

### GETRÄNKETIPS

- Servieren Sie je nach Gelegenheit Espresso, Capucchino, Kaffee oder einen Dessertwein.
- Für Kinder bietet sich eine Apfelsaftschorle oder ein Kakaogetränk an.

### PRAKTISCHE TIPS

- Anstelle des Blätterteigbodens aus der Kühltheke können Sie auch TK-Blätterteig (ca. 300 g) verwenden. Den Teig entsprechend der Packungshinweise vorbereiten. 1 eckige Pizza daraus (ca. 30 x 40 cm) herstellen.
- Diese süße Pizzavariante eignet sich zum Dessert, zum Nachmittagskaffee oder als Idee für den nächsten Kindergeburtstag.

**AUSSERGEWÖHNLICHE KREATIONEN**

# SIZILIANISCHES VERGNÜGEN

**B**eim Thema Pizza ist gedanklich die Verbindung zu Italien und seiner Küche automatisch hergestellt. Wir haben eine spezielle Region Italiens ausgewählt, die besonders interessante und vielleicht auch neue Dinge für Sie bereithält.

**N**atürlich spielt Pizza in diesem Spektakel die Hauptrolle, aber die Nebenakteure können allemal mithalten. Lassen Sie sich nach Sizilien entführen.

**I**talien ohne seine „Pomodori" – das wäre undenkbar! Es gibt jedoch Landstriche, in denen gedeihen sie ganz besonders gut und sind dort somit von außergewöhnlicher Bedeutung. Das gilt vor allem für Sizilien. Aus diesem Grund spielt die Tomate bei unserer Tischdekoration auch eine ganz große Rolle.

## Und das wird serviert

*Caponata siciliana*
(Sizilianischer Aubergineneintopf)

*Insalata mista*
(Gemischter Salat)

*Sfincioni alla siciliana*
(Kleine Pizzen aus Sizilien)

*Pesche ripiene*
(Gefüllte Pfirsiche aus Sizilien)

**HIGHLIGHT**

# Schlemmervergnügen auf sizilianische Art

## Wir feiern ein kleines Fest

Es müssen nicht immer große, üppige und aufwendige Dinge sein, die Herz und Gaumen erfreuen. Oftmals ist es ein lockeres Beisammensein, im kleinen Kreise, mit einfachen, leckeren Speisen, in behaglicher Atmosphäre, das uns nachhaltig in den Gedanken bleibt. Wo immer Ihre Vorlieben und Interessen auch liegen mögen, es gibt wohl für jeden von uns Momente, in denen ein Stück Pizza besser schmeckt als edle Kaviarhäppchen auf irgendeiner aufwendigen Luxusparty.

Falls Sie Lust auf eine gesellige Pizzarunde verspüren, dann probieren Sie unser kleines sizilianisches Fest aus. Es gibt Ihnen und Ihren Gästen eine Kostprobe von der einfachen, raffinierten Kochkunst der Sizilianer.

Wir haben für Sie eine Party für 4 Personen zusammengestellt. Das Rezept für das Hauptgericht („Sfincioni alla Siciliana") finden Sie in diesem Buch (S. 22). Alle Gerichte lassen sich zeitig vorbereiten. Ein Organisationsplan (nächste Seite) hilft Ihnen dabei.

## Die Tischdekoration

Wählen Sie eine unifarbene Tischdecke (Stoff oder Lackfolie) in einem kräftigen, leuchtenden Grünton. Er sollte an das Grün in der italienischen Flagge erinnern. Unser Tip: Falls Sie ein Lacktischtuch mit Tomatendekor besitzen oder anschaffen wollen, so können Sie auch dieses hinlegen. Es paßt ganz prima zum Thema.

Das Geschirr (Suppenteller oder -tasse, Suppenterrine, Salatteller sowie -schüssel, großer Eßteller und Dessertteller) sollte schlicht sein. Ein weißes, nicht zu feines Steingutgeschirr paßt besonders gut. Wenn Sie große, rote Platzteller besitzen, sollten Sie diese benutzen. Legen Sie ein einfaches Edelstahlbesteck (Suppenlöffel, Messer, Gabel, Dessertlöffel sowie -gabel) dazu.

Für jeden Tischgast benötigen Sie mindestens 4 verschiedene Gläser:

◆ Für den Aperitif Sektflöten entsprechend vorbereiten (siehe Getränketips).

◆ Zum Eintopf und zum Salat Weißweingläser bereitstellen.

◆ Zur Pizza gibt es einen Rotwein. Sie benötigen also entsprechend große Weingläser.

◆ Zum Dessert sollten Sie dann wieder möglichst kleine Weißweingläser hinstellen.

◆ Für den Fall, daß jemand zwischendurch Mineralwasser möchte, halten Sie Wassergläser bereit.

Alle Gläser sollten aus einfachem Glas und möglichst ohne Dekor sein.

Falten Sie weiße Stoff- oder Papierservietten einmal und raffen diese der Länge nach locker zusammen. Nehmen Sie etwa 1 m kräftig grünen, breiten Bast, wickeln diesen kreuz und quer um die Serviette und verknoten die Bastenden auf der Unterseite. Stecken Sie nun einen Zweig Cocktailtomaten (etwa 3 Stück) etwa in der Mitte der Serviette unter einen Bastfaden. Bereiten Sie auf diese Weise 4 Servietten vor und legen sie neben die Teller. Unser Tip: Sie können auch Papierservietten mit Tomatendekor verwenden.

Besorgen Sie verschiedene Sorten Tomaten (z. B. Eier-, Cocktail- und nicht zu große Fleischtomaten), die zum Teil noch an den Stielen sitzen („Tomatenrispen") und verteilen Sie diese dekorativ auf dem gedeckten Tisch. Die Früchte sollten eine kräftige rote Farbe haben. Unser Tip: Falls Sie auch gelbe Tomaten bekommen, nehmen Sie einige wenige dazu.

Stellen Sie eine Pfeffer- und eine Salzmühle, Olivenöl sowie Balsamessig in hübschen Flaschen oder in einer modernen Menage mit auf den Eßtisch. Wenn Sie möchten, plazieren Sie noch einige kleine, weiße oder rote Schüsselchen mit grünen und schwarzen Oliven, die gut zum Salat passen.

## Die Getränketips

◆ Beim Aperitif lehnen wir uns an das berühmte Mantecato di melone, ein Melonenwassereis aus Sizilien, an. Lösen Sie etwa 250 g gut gekühltes Melonenfruchtfleisch (vollreife Wasser- oder Honigmelone) aus und geben es zusammen mit etwa 1 Eßlöffel Zucker in einen Mixer. Das Ganze fein pürieren. Die Glasränder von 4 Sektflöten zunächst in etwas Zitronensaft, dann in etwas Zucker tauchen. Das Melonenpüree in die Sektgläser verteilen und alles mit einem gut gekühlten, fruchtigen Prosecco (Schaumwein aus Italien) aufgießen.

◆ Zum Aubergineneintopf und zum Salat paßt ein trockener Weißwein aus Sizilien. Wir empfehlen einen strohgelben, zarten Etna Bianco mit ausgeprägtem Traubengeschmack.

◆ Zur Hauptspeise, also zur Pizza, trinken Sie am besten einen warmen, vollmundigen Etna Rosso. Der Rotwein sollte Zimmertemperatur haben und rechtzeitig entkorkt werden, damit er eine Weile atmen kann.

◆ Zu den gefüllten Pfirsichen paßt ein goldfarbener Dessertwein mit süß-samtigem Geschmack. Siziliens Winzer bieten z. B. einen Moscato di Siracusa.

Sollten die Weine nicht Ihren Geschmacksvorstellungen entsprechen, so lassen Sie sich von Ihrem Weinhändler im Weinladen oder in einem italienischen Lebensmittelgeschäft beraten. Es gibt viele gute Tropfen, die zu diesem Essen passen. Vielleicht haben Sie ja auch noch die eine oder andere Flasche vom letzten Italienurlaub in Ihrem Keller.

Wir empfehlen Ihnen auf jeden Fall einen Beistelltisch, auf dem Sie zusätzliche Gläser sowie Besteck, weitere Servietten, die Salatschüssel, die Getränkeflaschen etc. abstellen können. Ein „überladener" Eßtisch ist ungemütlich, schlecht überschaubar und erzeugt außerdem ein Gefühl der Enge.

# HIGHLIGHT

## Organisationsplan

◆ **1 WOCHE VOR DEM FEST**
Weinauswahl treffen, Dekoration festlegen und alles besorgen. Einkaufsliste schreiben. Brot bestellen.

◆ **1 TAG VOR DEM FEST**
Den Einkauf erledigen.
Am Abend die Getränke kalt stellen, den Tisch decken und weitgehend dekorieren.

◆ **AM MORGEN VOR DEM FEST**
Das Pizza pane (S. 42) zubereiten, etwa 25 Minuten backen, abkühlen lassen und in ein Tuch hüllen.

◆ **4 STUNDEN VOR DEM ESSEN**
Den Caponata siciliana (S. 124) kochen, rasch abkühlen lassen und kühlstellen. Die Pesche ripiene (S. 125) vorbereiten, füllen, mit Klarsichtfolie abdecken und kühlstellen.

◆ **2 STUNDEN VOR DEM ESSEN**
Den Hefeteig (S. 22) ansetzen.

◆ **1½ STUNDEN VOR DEM ESSEN**
Die Sektflöten und das Melonenpüree (Getränketips) vorbereiten und kühlstellen. Den Insalata mista (S. 125) vorbereiten, mit Klarsichtfolie abdecken und in den Kühlschrank stellen.

◆ **½ STUNDE VOR DEM ESSEN**
Den Pizzateig ausrollen, mit den Zutaten belegen (S. 22), alles mit einem Tuch abdecken und bis zum Abbacken an einen warmen Ort stellen. Das Pane aufbacken und bereitstellen.

◆ **WENN DIE GÄSTE KOMMEN**
Den Aperitif auffüllen und damit die sizilianische Nacht einläuten. Inzwischen den Aubergineneintopf (S. 124) erwärmen, anschließend servieren.

◆ **SPÄTER AM ABEND**
Bis die Pizza an die Reihe kommt, können schon 1 bis 2 Stunden vergehen. Wenn es Zeit wird, die Pizzen (S. 22) in den Ofen schieben. Später die Pfirsiche (S. 125) im noch heißen Ofen gratinieren.

# CAPONATA SICILIANA

### Infoblock

- Arbeitszeit: ca. 60 Minuten
- Zeit zum Ziehen: ca. 60 Minuten
- Garzeit: ca. 40 Minuten
- 4 Portionen
- ca. 460 kcal je Portion

### Zutaten

350 g feste, kleine Auberginen
etwas Salz
ca. 120 g kleinere Zwiebeln
1 Stange Bleichsellerie
500 g vollreife Eiertomaten
50-80 g Mehl
100 ml Olivenöl
1 Schuß Balsamessig
frisch gemahlener schwarzer Pfeffer nach Belieben
Saft von ½ Zitrone
1 Prise Zucker
10-12 grüne Oliven ohne Stein
2 EL eingelegte Kapern
50 g Pinienkerne
einige kleine Basilikumblättchen

**1** Die Auberginen waschen, trockenreiben, von beiden Enden befreien, der Länge nach vierteln und quer in etwa 1½ cm dicke Stücke schneiden. Diese in ein Sieb legen, leicht mit Salz bestreuen und alles etwa 60 Minuten ziehen lassen.

**2** Die Zwiebeln schälen, vierteln und in einzelne Lagen zerlegen. Diese einmal längs und einmal quer durchschneiden. Den Sellerie putzen, waschen, von den Fäden befreien und quer in etwa 2 cm lange Stücke schneiden.

**3** Die Tomaten kreuzweise einritzen, kurz in kochendem Wasser überbrühen, kalt abschrecken, enthäuten und kleinwürfeln. Die Auberginenstücke kalt abspülen, mit Küchenkrepp trockentupfen und im Mehl wenden.

**4** In einem breiten, flachen Topf die Hälfte des Öls erhitzen. Zwiebeln und Sellerie dann unter Rühren etwa 8 Minuten dünsten. Alles mit Essig ablöschen, die Tomatenwürfel hineinrühren, etwas Wasser angießen, die Hitze reduzieren und das Gemüse etwa 20 Minuten köcheln lassen. Bei Bedarf noch etwas Wasser dazugeben.

**5** Inzwischen das restliche Öl in einer Pfanne erhitzen. Die Auberginenstücke portionsweise von allen Seiten darin braten, auf Küchenkrepp abtropfen lassen, dann zum Eintopf geben und alles weitere 5 Minuten köcheln lassen.

**6** Den Aubergineneintopf salzen, pfeffern und mit Zitronensaft sowie mit einer Prise Zucker abschmecken. Die Oliven grob hacken und zusammen mit Kapern sowie Pinienkernen darüberstreuen. Das Ganze etwas abkühlen lassen, mit Basilikum garnieren und servieren.

### BEILAGENTIP

**Reichen Sie zum Aubergineneintopf Pizza pane (Rezept S. 42).**

## HIGHLIGHT

# INSALATA MISTA

### Infoblock
- Arbeitszeit: ca. 30 Minuten
- 4 Portionen
- ca. 170 kcal je Portion

### Zutaten
- 1 Schalotte
- 2 Knoblauchzehen
- 1 Bund Schnittlauch
- 1 Kopf römischer Salat
- 4 vollreife Eiertomaten
- ½ Salatgurke
- ½ Fenchelknolle
- ½ mittelgroßer Kopf Radicchio

### Außerdem
- kaltgepreßtes Olivenöl nach Belieben
- Balsamessig nach Belieben
- Salz und schwarzer Pfeffer aus der Mühle

**1** Schalotte und Knoblauch schälen und beides fein hacken. Den Schnittlauch abspülen, trockentupfen und in Röllchen schneiden.

**2** Den Salat putzen, zerpflücken, gründlich waschen, trockenschleudern und quer in zentimeterdicke Streifen schneiden. Dabei feste Blattrippen entfernen.

**3** Die Tomaten waschen, trockenreiben, achteln, dabei die Stielansätze entfernen. Die Gurke waschen, schälen und in dünne Scheibchen schneiden.

**4** Die Fenchelknolle putzen, waschen, trockenreiben und quer in hauchdünne Streifen schneiden. Den Radicchio putzen, kleinzupfen, waschen und gut trockenschwenken.

**5** Die Salatzutaten auf 4 tiefen Tellern anrichten, mit Schalotten- und Knoblauchwürfeln bestreuen und das Ganze zusammen mit Öl, Essig, Salz sowie Pfeffer servieren.

### REZEPTVARIATION
**Variieren Sie diesen Salat durch Blattsalate, die gerade Saison haben.**

---

# PESCHE RIPIENE

### Infoblock
- Arbeitszeit: ca. 20 Minuten
- Garzeit: 15 Minuten
- 4 Portionen
- ca. 430 kcal je Portion

### Zutaten
- 100 g Amaretti (italienische Mandelplätzchen)
- ca. 1 EL Puderzucker
- 50 g gemahlene Mandeln
- gut 3 EL Amaretto (italienischer Mandellikör) oder Marsala (Dessertwein aus Sizilien)
- ⅛ l Prosecco (italienischer Schaumwein)
- Saft von ½ Orange
- 4 reife, süße Pfirsiche, ersatzweise 8 Pfirsichhälften aus der Dose
- ca. 3 EL Mandelblättchen
- ca. 5 EL Butterflöckchen

**1** Die Plätzchen in einen Gefrierbeutel geben und mit dem Teigroller solange darüberrollen, bis die Plätzchen fein zerbröselt sind. Brösel, Zucker, gemahlene Mandeln und Likör oder Dessertwein vermengen. Etwas Prosecco und den Orangensaft darunterkneten.

**2** Den Backofen auf 180°C vorheizen. Die Pfirsiche kurz in heißem Wasser überbrühen, abziehen, halbieren, entsteinen und mit den Schnittflächen nach oben in eine breite, flache Auflaufform setzen.

**3** Die Pfirsiche mit der Mandelmasse füllen und mit etwas Prosecco beträufeln. Die Mandelblättchen hineinstecken, die Butterflöckchen daraufsetzen und den restlichen Prosecco angießen.

**4** Das Ganze im Ofen auf der mittleren Schiene etwa 15 Minuten gratinieren lassen.

### GETRÄNKETIPS
**Bieten Sie zu den Pfirsichen einen Dessertwein (siehe S. 123) an und reichen Sie zum Abschluß einen kräftigen Espresso.**

# REZEPTVERZEICHNIS NACH ZUTATEN

## Mit Tomaten

Auberginenpizza  76
Hackfleisch-Mais-Pizza  52
Käse-Wurst-Pizza  46
Krabben-Sardinen-Pizza  66
Maisgriespizza  102
Pizza formaggio  30
Pizza alla Napoletana  12
Pizza Campofranco  20
Pizza Capricciosa  14
Pizza Margherita  10
Pizza mit allem  54
Pizza Quattro Stagioni  16
Sfincioni alla Siciliana  22
Vollkorn-Kräuter-Pizza  100

## Mit Schinken oder Wurst

Bohnen-Speck-Pizza  50
Cabanossi-Champignon-Pizza  44
Calzone mit Pilzen  88
Champignon-Lauch-Pizza  116
Hackfleisch-Mais-Pizza  52
Kartoffel-Salami-Pizza  112
Kartoffel-Speck-Pizza  114
Käse-Wurst-Pizza  46
Kasseler-Salami-Pizza  48
Kinderpizza  60
Pizza al funghi e prosciutto  18
Pizza Campofranco  20
Pizza Capricciosa  14
Pizza mit allem  54
Pizza mit dreierlei Käsesorten  106
Pizza Quattro Stagioni  16
Schinken-Ananas-Pizza  56
Sfincioni alla Siciliana  22
Zwiebel-Lauch-Pizza  104

## Mit Fisch

Calzone alla Lucana  36
Calzone aus Apulien  34
Krabben-Sardinen-Pizza  66
Lachs-Spinat-Pizza  70
Pizza al tonno  26
Pizza Capricciosa  14
Pizza mit allem  54
Pizza mit Meeresfrüchten  62
Pizza mit zweierlei Fisch  72
Scampipizza  68

## Mit Pilzen

Cabanossi-Champignon-Pizza  44
Calzone mit Pilzen  88
Champignon-Lauch-Pizza  116
Gerstenpizza mit Krabben  64
Pizza al funghi e prosciutto  18
Pizza mit allem  54
Pizza Quattro Stagioni  16
Schinken-Ananas-Pizza  56

## Mit Meeresfrüchten

Krabben-Sardinen-Pizza  66
Lachs-Spinat-Pizza  70
Pizza alle vongole  24
Pizza mit Meeresfrüchten  62
Pizza mit zweierlei Fisch  72
Scampipizza  68

## Mit Spinat oder Mangold

Pizza verde  28
Calzone alla Lucana  36
Calzone mit Blätterteig  94
Chizze alla Emilia  38
Spinatpizza  82

## Mit Gorgonzola

Pizza alla Gorgonzola  32
Pizza mit dreierlei Käsesorten  106
Pizza mit fünf Käsesorten  86
Pizza verde  28

## Mit Gemüse

Auberginenpizza  76
Bohnen-Speck-Pizza  50
Bunte Gemüsepizza  74
Champignon-Lauch-Pizza  116
Erbsen-Spargel-Pizza  80
Flaggenpizza  84
Gerstenpizza mit Krabben  64
Grüne Calzone  92
Hühnchenpizza  58
Kinderpizza  60
Krabben-Sardinen-Pizza  66
Pizza Capricciosa  14
Pizza Quattro Stagioni  16
Schinken-Ananas-Pizza  56
Zucchini-Schafskäse-Pizza  78
Zwiebel-Lauch-Pizza  104

# REZEPTVERZEICHNIS

## Mit Knoblauch oder Zwiebeln

Auberginenpizza 76
Cabanossi-Champignon-Pizza 44
Calzone alla Lucana 36
Calzone aus Apulien 34
Calzone mit Blätterteig 94
Calzone mit Pilzen 88
Calzone mit Zwiebeln und Eiern 90
Flaggenpizza 84
Hackfleisch-Mais-Pizza 52
Hackfleischpizza 110 
Kartoffel-Salami-Pizza 112
Kartoffel-Speck-Pizza 114
Krabben-Sardinen-Pizza 66
Lachs-Spinat-Pizza 70
Pizza al tonno 26
Pizza alla Napoletana 12
Pizza alle vongole 24
Pizza mit allem 54
Pizza mit dreierlei Käsesorten 106
Pizza mit Meerresfrüchten 62
Pizza mit zweierlei Fisch 72
Pizza verde 28
Scampipizza 68
Sfincioni alla Siciliana 22
Spinatpizza 82
Vollkorn-Knoblauch-Pizza 96
Vollkorn-Kräuter-Pizza 100
Vollkorn-Zwiebel-Pizza 98
Zucchini-Schafskäse-Pizza 78

## Mit Kartoffeln

Focaccia alla basilicata 40
Kartoffel-Salami-Pizza 112
Kartoffel-Speck-Pizza 114

## Mit Mozzarella

Auberginenpizza 76
Calzone mit Pilzen 88
Calzone mit Zwiebeln und Eiern 90
Grüne Calzone 92
Hackfleischpizza 110
Kartoffel-Salami-Pizza 112
Käse-Wurst-Pizza 46
Krabben-Sardinen-Pizza 66
Maisgriespizza 102
Pizza al funghi e prosciutto 18
Pizza Campofranco 20
Pizza Margherita 10
Pizza Quattro Stagioni 16
Schinken-Ananas-Pizza 56

## Mit Oliven

Calzone alla Lucana 36
Calzone aus Apulien 34
Flaggenpizza 84
Gerstenpizza mit Krabben 64
Grüne Calzone 92
Kartoffel-Salami-Pizza 112
Kinderpizza 60
Krabben-Sardinen-Pizza 66
Maisgriespizza 102
Oliven-Schafskäse-Pizza 108
Pizza al tonno 26
Pizza Capricciosa 14
Pizza mit allem 54
Zucchini-Schafskäse-Pizza 78

## Mit Früchten

Schinken-Ananas-Pizza 56
Süße Pizza 118

## Ohne Käse

Calzone alla Lucana 36
Focaccia alla basilicata 40
Pizza al tonno 26
Pizza alla Napoletana 12
Pizza alle vongole 24
Pizza Capricciosa 14
Pizza pane 42
Scampipizza 68

## Mit Hackfleisch

Hackfleisch-Mais-Pizza 52
Hackfleischpizza 110

## Pizzabrot

Focaccia alla basilicata 40
Pizza pane 42

◆ Die Rubrik „Mit Käse" wurde nicht in das Verzeichnis aufgenommen, da die meisten Pizzen in diesem Buch immer verschiedene Käsesorten in ihrer Zutatenliste haben. Lediglich besonders beliebte Käsesorten, wie z.B. Mozzarella und Gorgonzola, stehen unter eigenen Rubriken. Und Pizzen ohne Käse wurden extra aufgenommen.

◆ Unter der Rubrik „Mit Tomaten" finden Sie Pizzarezepte, in denen frische Tomaten verwendet werden. Tomatenkonserven wurden hier nicht berücksichtigt, da sie bei fast jeder Pizza eine Rolle spielen.

Dieses Buch gehört zu einer Kochbuchreihe, die die beliebtesten Themen aus dem Bereich Essen und Trinken aufgreift. Fragen Sie Ihren Buchhändler.

Zum gleichen Thema ist im FALKEN Verlag bereits erschienen: „Pizza" (1352)

Von derselben Autorin sind im FALKEN Verlag bereits erschienen:
„Raclette und heißer Stein" (4766) und „Braten auf dem heißen Stein" (1300)

Die Deutsche Bibliothek – CIP-Einheitsaufnahme

**Pizza** / Rose Marie Donhauser. –
Niedernhausen/Ts. : FALKEN, 1995
  (Gut essen und trinken)
  ISBN 3-8068-4806-8
NE: Donhauser, Rose Marie

ISBN 3 8068 4806 8

© 1995 by Falken-Verlag GmbH, 65527 Niedernhausen/Ts.
Die Verwertung der Texte und Bilder, auch auszugsweise, ist ohne Zustimmung des Verlags urheberrechtswidrig und strafbar. Dies gilt auch für Vervielfältigungen, Übersetzungen, Mikroverfilmung und für die Verarbeitung mit elektronischen Systemen.

**Umschlaggestaltung:** Peter Udo Pinzer
**Gestaltung und Herstellung:** Petra Becker
**Redaktion:** Silvia Faller und Claudia Boß
**Beratung:** Michaela Höpfner
**Titelbild:** TLC-Foto-Studio GmbH, Velen-Ramsdorf
(auf dem Foto: Pizza Capricciosa, Seite 14)
**Fotos:** Ulrich Kopp, Füssen; Seite 126: (Tomaten), **Wolfgang und Christel Feiler**, Karlsruhe;
Seite 127: (Lauch) TLC-Foto-Studio-GmbH, Velen-Ramsdorf
**Satz:** Falken-Verlag GmbH, Niedernhausen/Ts.
**Druck:** Ernst Uhl, Radolfzell

817 2635 4453 6271